MÉMOIRES D'IMMIGRÉS

MÉMOIRES D'ÉMIGRÉ

YAMINA BENGUIGUI

MÉMOIRES D'IMMIGRÉS

L'héritage maghrébin

CANAL + EDITIONS

ISBN 2-266-08807-6

Avant-propos

Un foulard islamique apparu sur la tête de trois adolescentes d'un collège de Creil, en septembre 1989, a vite semé l'inquiétude. D'où viennent ces musulmanes ? Comment sont-elles parvenues à se faufiler au cœur des établissements scolaires ? L'opinion prenait soudain conscience de la culture de cet autre, qu'elle côtoie depuis plus de trente ans sans le voir. Des questions qui me ramènent des années en arrière dans cette petite ville du nord de la France, où mes parents, d'origine algérienne, avaient émigré, dans les années 50.

Je revois ma maison, sa façade de pierres grises, semblable à toutes les autres. Pas tout à fait semblable, cependant. Devant les autres façades, il y avait des rosiers, des géraniums ou des plantes de jardin, alors que devant la mienne seules des herbes folles et des plantes sauvages surgissaient, sans que quiconque songeât à les arracher.

Je me souviens du voisin qui, gentiment, s'informait dès qu'il voyait mon père : « Alors, Ahmed, c'est cette année que tu rentres au pays ? » Mon père, étonné d'entendre son prénom résonner dans la rue, répondait, avec un sourire gêné : « Oui ! C'est cette année. Dans quelques mois. »

Je revois ma mère, allant et venant dans la pièce principale, où s'entassaient des cartons qui contenaient nos vêtements, de la vaisselle, des draps, des serviettes... Je l'entends encore se dire, à elle-même : « L'année prochaine, on s'en va ! On repart au pays. »

Du pays de mes parents, je n'avais que des images de vacances : un petit village perché dans les montagnes, des maisons blanches, le soleil écrasant, une fontaine.

Un soir de l'année 1976, toute la famille était réunie comme à l'accoutumée, autour de la table. Mon père a allumé la télé pour écouter les informations. Dans un silence quasi religieux, le journaliste de l'époque a annoncé d'une voix monocorde : « Le Parlement vient de voter la loi d'aide au retour des immigrés. Les accords ont été signés avec les différents gouvernements des pays du Maghreb. Chaque chef de famille recevra dix mille francs et pourra bénéficier d'une formation, pour faciliter sa réinsertion dans son pays d'origine. Cette aide au retour se fera sur la base du volontariat. »

Ma mère s'est levée et s'est dirigée vers les cartons posés contre le mur. Puis elle a tourné la tête. J'ai croisé son regard. Ses pupilles sombres, immenses, distillaient l'angoisse. « Mais maman, *ils* ont dit que c'était volontaire », ai-je tenté de lui expliquer.

Le temps a passé. Mon père n'a pas demandé l'aide au retour, mais ma mère a continué d'empiler les éternels cartons. Mes frères et sœurs ont grandi, les mains sur les poignées des valises. Moi aussi.

Le temps a continué de passer. Le provisoire s'est installé un peu plus. De moins en moins souvent et avec moins de conviction, ma mère nous disait : « L'année prochaine, peut-être... »

Vingt ans ont passé. Mes parents sont toujours là.

D'où viennent les foulards islamiques de Creil ? Comment ont-ils pénétré dans les écoles françaises ? Que puis-je répondre à ces questions qui me concernent ? Ces musulmanes, ce sont mes sœurs. Ces enfants qui étonnent, ces familles qui intriguent, ce sont mes parents. Face à la rumeur qui sourd de toutes parts, charriant le soupçon et la violence, que puis-je dire, sinon interroger à mon tour : Qu'avez-vous fait de mon père ? Qu'avez-vous fait de ma mère ? Qu'avez-vous fait de mes parents, pour qu'ils soient aussi muets ? Que leur avez-vous dit, pour qu'ils n'aient pas voulu nous enraciner sur cette terre, où nous sommes nés ? Qui sommes-nous, aujourd'hui ? Des immigrés ? Non ! Des enfants d'immigrés ? Des Français d'origine étrangère ? Des musulmans ?

Comme je l'avais fait pour *Femmes d'Islam*, je suis partie à la recherche de la mémoire de l'immigration maghrébine. Cette quête initiatique m'a révélé qu'elle est étroitement imbriquée dans l'histoire de l'économie française. J'ai d'abord rencontré les hommes politiques responsables de cette économie, de l'immigration et de l'intégration. Puis j'ai rendu visite aux pères, venus seuls dans les années 50, à la demande expresse d'entreprises françaises recrutant une main-d'œuvre abondante, pas très qualifiée, sous-payée, facile à employer et à renvoyer chez elle, pour remplacer l'italienne et la portugaise. Ils ont reconstruit le pays, au lendemain de la Seconde Guerre mondiale. Cette histoire d'hommes s'est scellée par un accord tacite : dans le projet de départ était inclus le projet du retour.

Même la guerre d'Algérie n'a pas eu de répercussion sur ce projet. Les entreprises françaises ont continué à recruter. Les pères sont restés, sans jamais s'installer définitivement. En 1974, le gouvernement a préconisé une politique de regroupement familial qui amena les mères sur le sol français. Obligées de rejoindre leurs maris, elles vivent l'enfermement, en marge de la France, prisonnières d'un double rôle : maintenir les traditions et la religion, dans l'idée fixe du retour, et s'ouvrir au monde extérieur par l'intermédiaire des enfants. Ce sont ces enfants qui empêcheront définitivement le projet de retour.

Du passé de leurs pères et de leurs mères, les enfants que j'ai rencontrés, venus en bas âge ou nés sur le sol français, ne connaissent que des bribes : colonialisme, guerre d'Algérie, indépendance, immigration... De l'histoire personnelle, du vécu de leurs parents, ils ignorent tout, ou presque. Élevés dans le provisoire, déchirés entre deux pays, mais héritiers de deux cultures, malgré la douleur, malgré la souffrance, leur présence sur le sol français a transformé en immigration de peuplement ce qui n'était, au départ, qu'une immigration de travail.

A l'insu de leurs parents, à l'insu de la France, qui semble s'étonner de leur existence, ils sont là. Leurs cris, leur violence sont la forme la plus poussée d'une revendication légitime : « J'appartiens à cette société ! »

Ce livre est le récit de mon voyage au cœur de l'immigration maghrébine en France. L'histoire des pères, des mères, des enfants, l'histoire de mon père, de ma mère. Mon histoire.

soumises d'un double rôle : maintenir les traditions et la religion, dans l'idée fixe du retour, et s'ouvrir au monde extérieur par l'intermédiaire des enfants. Ce sont ces enfants qui empêcheront définitivement le projet de retour.

Du passé de leurs pères et de leurs mères, les enfants que j'ai rencontrés, venus en bas âge ou nés sur le sol français, ne connaissent que des bribes : colonialisme, guerre d'Algérie, indépendance, immigration... De l'histoire personnelle ou du vécu de leurs parents, ils ignorent tout, ou presque. Élevés dans le provisoire, déchirés entre deux pays, mais héritiers de deux cultures, malgré la douleur, malgré la souffrance, leur présence sur le sol français a transformé en immigration de peuplement ce qui n'était, au départ, qu'une immigration de travail.

A l'insu de leurs parents, à l'insu de la France qui semble s'étonner de leur existence, ils sont là. Leurs cris, leur violence sont la forme la plus poussée d'une revendication légitime : « J'appartiens à cette société ! »

Ce livre est le récit de trente années au cœur de l'immigration maghrébine en France. L'histoire des pères, des mères, des enfants. L'histoire de mon père, de ma mère. Mon histoire.

Les pères

La venue des pères maghrébins sur le sol français découle des relations particulières de la France avec les pays du Maghreb, depuis la seconde moitié du XIXe siècle. La colonisation et la crise de l'agriculture traditionnelle ont engendré cette migration d'hommes, qui espéraient faire vivre leur famille grâce à leur exil.

Au lendemain de la Seconde Guerre mondiale, pour reconstruire le pays et relancer l'économie, le patronat français accentue le phénomène. François Ceyrac, administrateur des usines Peugeot, et président du C.N.P.F. de 1972 à 1981, explique : « Pour moi, la période active de recrutement de la main-d'œuvre maghrébine a commencé au lendemain de la guerre de 1940. Il y a eu un déficit démographique, nous avions la croissance économique, il fallait faire face. Ce n'étaient pas des musulmans, c'étaient des citoyens français. Seulement, au lieu de venir de la Corrèze ou de l'Auvergne, envahir les bistrots parisiens, ils venaient d'Algérie pour faire marcher les usines françaises. Il n'y avait pas le sentiment d'un appel à quelque chose d'extérieur à la France. »

La main-d'œuvre française est insuffisante en nombre. Italiens et Portugais ont fait leur temps. Ils se sont syndiqués et se montrent capables de gérer des conflits. La solution consiste à faire venir, majoritairement, les Algériens ; puisqu'ils passent d'un département à l'autre, les démarches administratives sont minimes. Le patronat français, encouragé par les gouvernements successifs, mobilise l'Office national d'immigration. Sur place, les entreprises envoient des recruteurs qui sillonnent les campagnes algériennes, marocaines et tunisiennes.

Joël Dahoui, recruteur pour l'O.M.I. (Office marocain d'immigration) de 1962 à 1980, raconte : « J'étais sélectionneur de main-d'œuvre, ce qu'on appelait des manœuvres, donc une main-d'œuvre brute. J'étais aussi psychologue. Je savais, en trois minutes d'entretien, si j'avais affaire à un brave gars ou à une peau de salaud. Le gouvernement marocain était très content et s'est efforcé de répartir sur le territoire les offres d'emploi que nous lui soumettions. A partir de là, il y avait un accord entre le ministère du Travail marocain et l'Office d'immigration au Maroc pour sélectionner dans certaines zones des contingents. On prenait trois cents travailleurs dans la province de Marrakech, deux cent cinquante dans la province de Fès, etc. Autrement dit, on a partagé le gâteau de l'immigration. D'une façon générale, nous avons préféré sélectionner en zone rurale, pour des raisons de mentalité. »

Les candidats au départ sont des hommes célibataires ou mariés, mais qui acceptent de venir seuls. « Il s'agissait d'un besoin de main-d'œuvre, par conséquent d'un recrutement masculin, précise François Ceyrac. Nous ne recrutions bien entendu que des célibataires. Célibataires, c'est-à-dire des hommes mariés ou non mariés. »

Outre le fait d'accepter la solitude, les migrants doivent être en bonne santé, gage de leur aptitude aux travaux les plus durs. Joël Dahoui insiste sur ce point : « Il y avait des critères physiques. Le type qui est recruté pour une usine chimique, il faut que du point de vue pulmonaire il n'y ait absolument rien, même pas une calcification, quand vous le passez à la radio. On ne voulait pas charger la France de frais avec quelqu'un qui n'était pas totalement sain. »

Analphabètes, ne maîtrisant pas bien le français, ils sont employés comme manœuvres à 70 %, O.S. à 30 %. « C'était une main-d'œuvre sans formation, se souvient François Ceyrac. Il fallait entre trois semaines et trois mois pour adapter un homme au travail de la chaîne et en faire un O.S.

Il était spécialisé dans un geste, ou dans une opération. » « Nous devions envoyer à l'employeur la main-d'œuvre la mieux adaptée à ses besoins, afin qu'il n'y ait pas de déchets. Avec la main-d'œuvre marocaine, il y a eu moins de 2 % de déchets », se félicite Joël Dahoui.

Cette main-d'œuvre immigrée est livrée au bon vouloir de l'entreprise qui gère le travail et le logement. Parqués dans des foyers qui isolent et empêchent les contacts avec l'extérieur, les immigrés sont ainsi placés sous étroit contrôle. Dans le même temps, apparaissent les « marchands de sommeil », ces gérants de dortoirs qui proposent des chambres ou des caves, aux lits superposés, pour six, huit, dix travailleurs, qui doivent s'organiser pour dormir à tour de rôle, en fonction des « trois-huit », des journées de travail. « Ces Algériens vivaient dans des espèces de casernes, où ils étaient entre hommes ; par conséquent, de temps en temps, il y avait des problèmes humains, pas des problèmes d'employeurs », apprécie François Ceyrac.

Le dimanche reste le seul moment de liberté de cette masse d'hommes déracinés, coupés de leur famille. Les travailleurs immigrés se retrouvent au café, peuvent parler leur langue pour évoquer le pays où ils retournent un mois par an, voir grandir leurs enfants et, souvent, en mettre un nouveau en route. Seul lieu de communication, de reconnaissance, où se cultive la nostalgie à l'écoute des chanteurs des pays d'origine, le café est le seul lieu de loisirs. On y joue aux cartes ou aux dominos.

Ainsi ont vécu les pères des Beurs d'aujourd'hui, en marge de la société française, se privant de tout pour envoyer un maximum d'argent au pays. Le rêve d'un prochain retour leur a permis d'atténuer les rigueurs de l'exil. Le maintien des traditions, et en premier lieu des rites de l'islam, a préservé le lien avec le pays d'origine, mais leur culte a dû s'exercer dans la plus grande discrétion.

La guerre d'Algérie, entre 1955 et 1962, n'empêche pas les entreprises françaises de continuer à recruter la main-d'œuvre algérienne. Les attentats gagnent la métropole et engendrent, à l'égard des Maghrébins, un climat d'hostilité et de méfiance qui, depuis, ne s'est jamais démenti. « Pendant la guerre d'Algérie, la demande de main-d'œuvre était si forte, témoigne François Ceyrac, qu'en tant qu'employeurs nous avons continué à recruter imperturbablement, comme si de rien n'était. Ce n'était pas à nous de poser le problème, mais au gouvernement. » Au plus fort des tensions, le patronat français signe des accords avec le Maroc et la Tunisie, devenus indépendants en 1956, pour recruter un peu partout dans ces pays une main-d'œuvre destinée aux zones industrielles de France.

Après la guerre d'Algérie, les accords d'Évian entre la France et l'Algérie prévoient un contingent de cinquante mille travailleurs immigrés par an, lesquels restent trois ans au maximum, puis retournent dans leur pays, relayés par un nouveau contingent. Le but étant de ne pas enraciner les Maghrébins en France. Stéphane Hessel, en poste à l'ambassade d'Alger de 1964 à 1969, explique : « Mes fonctions consistaient à négocier des accords de main-d'œuvre. Le principe était de permettre aux entreprises françaises d'avoir une main-d'œuvre abondante, pas très qualifiée, pas très chèrement payée, et à l'Algérie d'être débarrassée d'une partie de ses chômeurs. »

Beaucoup d'Algériens, déçus par l'indépendance et les difficultés économiques, choisissent de s'installer dans l'ancienne puissance coloniale et vont même jusqu'à prendre la nationalité française. Les autres obtiennent une carte de résident, renouvelable au bout de cinq ans. Entre 1962 et 1973, le nombre des immigrés algériens a été multiplié par trois. Tous continuent à penser que leur présence en France reste provisoire, et l'Amicale des Algériens en France a pour mission de les empêcher de s'enraciner. Philippe Moreau-Desfarges, conseiller technique au secrétariat d'État aux Travailleurs immigrés, témoigne : « En accord avec les gouvernements français et algérien, l'Amicale des travailleurs algériens avait pour préoccupation de contrôler ces travailleurs, en France, et de les maintenir comme des Algériens. »

Avec les chocs pétroliers des années 70, la croissance continue dont bénéficiaient les pays d'Europe occidentale s'interrompt. La crise économique qui en résulte voit réapparaître le chômage. Algériens ou Français d'origine algérienne sont les premiers touchés. Travaillant dans des secteurs exposés, ils occupent les emplois les moins qualifiés et subissent l'hostilité de l'opinion. En 1972, les circulaires Marcellin et Fontanet réduisent à vingt-cinq mille le contingent annuel d'immigrés. Cette main-d'œuvre doit répondre aux besoins spécifiques de l'industrie, selon les secteurs d'activité et les régions. En dehors de ces critères, il ne peut plus être délivré de titre de séjour.

En 1973, sous la présidence de Georges Pompidou, le gouvernement Messmer décide le « gel » de l'immigration. Une partie de l'opinion et certains intellectuels commencent à s'indigner des conditions de vie des travailleurs immigrés. En 1974, le nouveau président de la République, Valéry Giscard d'Estaing, officialise le regroupement familial. Jean-Noël Chapulut, secrétaire général de la Commission nationale pour le logement des immigrés (C.N.L.I.), raconte : « Il y a eu une pression politique, plus un avis du Conseil d'État disant que le regroupement familial était un droit essentiel de l'homme et qu'on ne pouvait pas s'y opposer. » Ce regroupement, en officialisant la venue des mères et des enfants en bas âge, va atténuer la solitude des travailleurs immigrés maghrébins.

Kiki
ou la France de Victor Hugo

Khémaïs habite dans une cité ouvrière, immense bâtisse de béton grisâtre d'une quinzaine d'étages, juste en face de l'île Seguin. C'est là que, jusqu'en mars 1992, la régie Renault a déployé son activité, comme une énorme ruche, transformant certains de ses locaux en immeubles d'habitation à loyer modéré pour être encore plus proche de ses employés. Le hall d'entrée et l'ascenseur auraient bien besoin d'un coup de balai, d'une couche de peinture et... d'une bouche d'aération ! Au huitième se trouve l'appartement de Kiki.

A peine ai-je sonné que la porte s'ouvre. Visiblement, il a fait des efforts pour soigner son apparence, si j'en juge par l'estafilade rouge que le rasoir a dessinée sur sa joue, par l'odeur persistante d'eau de Cologne qui l'auréole et par le costume marron du dimanche, qui semble avoir un peu rétréci et dont le bas des jambes laisse voir une paire de tennis usagées. Il a même mis une cravate, à fleurs rouges et roses. Elles s'épanouissent sur une chemise à rayures vertes dont le col est légèrement fripé. Ses cheveux et sa moustache fine commencent à blanchir, de nombreuses rides s'impriment dans son visage, mais il garde une vivacité juvénile qui s'accentue dès qu'il sourit pour m'accueillir et se présenter, en m'embrassant cérémonieusement le bout des doigts : « Khémaïs, dit Kiki, d'origine tunisienne. »

La pièce principale mériterait d'être rafraîchie, le papier peint, à grosses fleurs beiges, donne des signes de fatigue, ainsi que le mobilier réduit à l'essentiel : une table recouverte d'une nappe de plastique tachée par endroits, quelques chaises, l'inévitable télé dans un angle. Sur les murs, des cartes postales et des photos de famille, posées un peu partout, sur la télé, près du téléphone... La porte-fenêtre donne sur un balcon d'où le regard plonge dans les entrepôts de l'usine Renault, déserts, immenses, et sur le côté l'île Seguin, drôle de bateau amarré pour toujours sur la Seine. De l'ancienne effervescence ne subsistent que les quelques lettres « Renault » qui s'effritent chaque jour un peu plus, comme l'ensemble du bâtiment.

– Si vous n'avez pas travaillé à l'île Seguin, c'est que vous ne connaissez pas Renault ! s'exclame Kiki, dont la voix roule légèrement les « r ». Il poursuit, avec un brin de nostalgie : Quand j'y suis entré, j'avais 22 ans, et j'y suis resté presque quarante ans, alors je peux dire que je la connais, la régie Renault de l'île Seguin ! Sûrement plus qu'elle ne me connaît !

Des plis d'amertume semblent soudain se creuser autour de sa bouche. Il s'interrompt pour me proposer de m'installer et de boire quelque chose. Sans attendre la réponse, il disparaît dans le petit couloir, et revient au bout de quelques minutes les bras chargés d'un plateau en plastique, sur lequel il a disposé deux grands verres, une bouteille de Coca, une casserole fumante, deux bols et une boîte de café soluble.

– Je suis divorcé, alors c'est moi qui m'occupe de tout dans la maison, dit-il comme pour s'excuser.

Debout près de la table, il remplit deux cuillerées de café, les dépose au fond des bols puis verse l'eau brûlante. Sur ses mains aux doigts déformés le temps a semé de petites taches brunes. Il s'assoit en face de moi.

– J'ai démarré chez Renault comme O.S., comme tout le monde. Enfin, comme tous les Mohamed. Quand on entre chez Renault, on regarde comment vous vous appelez. Si c'est Mohamed, on vous envoie à la chaîne. Khémaïs ou Mohamed, hein, c'était pareil !

Les épaules de Kiki s'affaissent et ses doigts noueux se recroquevillent sur le bord de la table.

– Le recruteur m'a fait passer la visite médicale, et quand j'ai été reconnu apte, il m'a fait passer un test. Il fallait attraper une petite réglette, pour voir si j'avais des réflexes. Et voilà comment j'ai été engagé comme O.S.1, à la chaîne de montage. La chaîne ! Ah, c'était un nom bien trouvé. Pendant des heures et des heures à faire le même mouvement, on fixe la roue avant, comme celui qui est de l'autre côté, et qui fixe l'autre roue, et c'est la même chose à l'arrière de la voiture. A l'époque, il fallait sortir cinquante véhicules à l'heure. Alors, pas le temps de parler, tout juste celui de faire un besoin naturel à condition de pouvoir être remplacé, et tous les bruits qui vous cassent les oreilles, et les odeurs de peinture et de goudron qui entrent dans votre bouche et dans votre gamelle, et comme ça pendant des heures, des jours, des mois, des années !

Sa voix grave, qui roule plus fortement les « r », se met à trembloter.

– A la chaîne, il y avait une forte majorité de Maghrébins, beaucoup d'Africains, quelques Portugais, des Yougoslaves, mais jamais de Français. Il y avait des accents de toutes les couleurs, le midi, quand on se retrouvait devant les mêmes gamelles. Et j'ai commencé à regarder autour de moi ces hommes qui, depuis des années, faisaient le même geste, avec la seule possibilité de passer de O.S.1 à O.S.2, car il n'y avait aucune chance pour un Maghrébin de devenir régleur ou chef d'équipe. C'est beaucoup plus tard que j'ai compris que la régie Renault, comme les autres usines du secteur automobile, Citroën, Peugeot, avait besoin d'une main-d'œuvre maghrébine ou africaine pour un travail bien déterminé.

A cet instant, son regard se durcit, ses mains se serrent dans une sorte de protestation muette.

– Alors, heureusement, il y a eu les syndicats. La C.G.T. s'est battue avec la direction pour des stages de perfectionnement et d'alphabétisation, au profit des illettrés. Et ils étaient nombreux ! La grande majorité ne savaient ni lire ni écrire, ils étaient arrivés directement de leurs campagnes, sur les traces des recruteurs, pensant avoir trouvé l'Eldorado. Il est certain qu'en ce temps-là, dans les années 50, tous les jeunes Tunisiens rêvaient de venir en France. La ruée vers l'or ! Quand je suis parti de Tunisie, j'avais 21 ans et j'étais orphelin. Je venais rejoindre un lointain cousin qui s'était installé à Beauvais, dans un garage. Mais ce qui m'a décidé à venir ici, en France, ce n'est pas l'idée de m'enrichir matériellement mais plutôt intellectuellement.

Dans les yeux noirs de Kiki brille soudain une flamme étrange.

– Il faut dire que lorsque j'étais au collège, en Tunisie, j'avais un instituteur, monsieur Malet. Il venait du Nord, de Béthune, il avait quitté ses brumes froides et ses corons pour apporter sur nos rivages ensoleillés l'amour des belles-lettres et de la langue française. C'est lui qui m'a appris à aimer Alphonse Daudet, Pierre Loti, Hector Malot, et surtout Victor Hugo ! Depuis, il y a deux phrases de Victor Hugo que je n'ai jamais oubliées, car il me semble qu'elles correspondent à mon parcours. La première dit : « Dieu, ouvrez-moi les portes des ténèbres pour que je puisse rencontrer la lumière », et pour moi, c'est comme ça que je voyais la France. La lumière dans mes ténèbres.

De grosses larmes descendent sur ses joues flétries, sans qu'il songe à les essuyer.

– La seconde dit comme ça, en parlant d'un pêcheur en mer : « Lui, seul, battu des flots qui toujours se reforment, il s'en va dans l'abîme, il s'en va dans la nuit. » Celle-là, c'est quand je suis arrivé en France que j'ai compris ce qu'elle voulait vraiment dire !

Le chagrin crispe son visage, les larmes continuent à descendre, suivent le tracé sinueux des rides.

– Je me souviens du bruit des sirènes des bateaux qui partaient pour la France. Elles résonnaient dans tout Tunis. Chaque famille, même si elle n'avait pas d'enfants qui partaient, en avait les larmes aux yeux. Quand je suis parti, moi l'orphelin, le sans-famille, et que la sirène du *Ville de Tunis* a déchiré le soir, je savais que des mères, des pères versaient des larmes. Cela me réchauffait le cœur. Comme m'avaient ému, jusqu'aux larmes, les petites boulettes de viande que l'on m'avait offertes, pour le voyage, ainsi qu'une belle chéchia rouge que j'avais fièrement posée sur mes cheveux.

D'un revers brusque de la main, Kiki essuie les larmes qui perlent à ses yeux.

– Quand le bateau s'est éloigné du port, je suis resté longtemps agrippé au bastingage et j'ai pensé que je ne reviendrais plus en Tunisie, alors j'ai jeté la chéchia à la mer et je l'ai regardée flotter sur les vagues, jusqu'à ce que je ne distingue plus la tache rouge. Et quand je suis arrivé à Marseille, j'ai jeté ce qui restait des petites boulettes à la mer. C'était tôt le matin, il faisait froid, sombre, humide, et je devais me rendre à la gare Saint-Charles pour prendre le train qui allait à Paris, puis changer pour aller à Beauvais. J'ai regardé les gens, en serrant bien fort la poignée de la valise, comme si c'était le seul lien qui me reliait à la vie. J'étais inexistant, transparent, on me bousculait presque, sans me voir, sans me parler, et la phrase de Victor Hugo a résonné dans ma tête : « Il s'en va dans l'abîme, il s'en va dans la nuit. » J'étais arrivé en France, je découvrais l'indifférence et j'ai pensé que cela allait être dur, très dur.

De sa poche de costume, Kiki sort un mouchoir à carreaux pour essuyer ses joues, se lève, quitte la pièce et réapparaît, embaumé de lavande.

– Je n'ai jamais parlé de tout cela à personne, et surtout pas à mes enfants. Oui, cela a été très dur, si dur que je ne suis pas resté à Beauvais. J'ai préféré venir à Paris, je pensais que ce serait plus facile, qu'il y avait beaucoup plus d'immigrés, que je me sentirais plus à l'aise. Et voilà comment je me suis retrouvé dans le bureau de recrutement de la régie Renault. Je me sentais un peu comme Pierre Loti, celui qui était amoureux d'une jeune Turque, Azyadé. Par amour pour elle, il est allé en Turquie, il est aussi tombé amoureux du pays, d'Istanbul, il s'est même converti à l'islam. Moi, j'étais amoureux de la culture et de la langue françaises, je suis venu en France et j'ai aimé Renault, comme on aime une maîtresse. C'est pour elle que j'ai suivi les stages de perfectionnement. Je ne suis pas devenu Pierre Loti, mais pour un Mohamed, je ne suis pas resté vissé à la chaîne, j'ai évolué.

Il redresse le menton, bombe le torse et hausse la voix.

– Il est certain que les syndicats nous ont aidés à évoluer. Je me souviens d'un délégué C.G.T., un Algérien, qui nous expliquait, debout sur un bidon, comment il fallait faire pour se perfectionner. Bien sûr, ce n'était pas facile, après les heures passées à la chaîne, dans les bruits, les odeurs, la cadence infernale, d'aller en plus aux cours du soir ! La plupart des O.S. se dépêchaient de rentrer chez eux, soit avec la famille, soit avec les camarades de chambre : comme à l'armée, cinq, six, entassés ! Et le lendemain recommencer le même geste, comme Charlot dans le films *Les Temps modernes.* Heureusement, il y avait un balayeur, un Kabyle, qui avait transformé son placard à balai en coin-café. Oui ! C'était le bistrot arabe de l'île Seguin, on pouvait même manger des merguez, retrouver un peu l'air du pays et surtout se désaltérer, car parfois, la chaleur montait à trente ou quarante degrés, à la chaîne.

Kiki sourit, puis d'un coup son visage se rembrunit.

– Ce qui a été terrible, c'est le jour où je suis devenu inapte au travail. Enfin, je veux dire quand l'heure de la retraite a sonné. Je n'étais pas habitué à cette idée, j'avais toujours travaillé, deux fois plus que les autres, d'abord pour évoluer, ensuite pour être considéré comme les Français qui avaient les mêmes qualifications que moi, enfin pour mes enfants, pour mes fils, pour qu'ils soient fiers de leur père, pour qu'ils comprennent que j'avais tout fait pour m'intégrer. Je leur ai toujours dit que, si on vit et qu'on travaille comme un Français, il n'y a pas de problème. Quand je vais au restaurant, je ne mange pas avec les mains, et pourtant c'est délicieux ! ajoute-t-il avec un sourire gourmand.

Il se lève et regarde l'usine désaffectée, à laquelle il a donné ses forces. Il réfléchit quelques secondes.

– Je ne comprends pas ce que cela veut dire, au fond, s'intégrer. A partir du moment où l'on vit et travaille comme les Français qui nous entourent, est-ce que cela veut dire ne plus suivre sa religion, ne pas aller à la mosquée, ne plus faire le ramadan ? Ce n'est pas ce que l'on demande aux autres religions de ce pays. Quand je croise quelqu'un dans la rue, je ne vois pas écrit sur sa figure s'il est protestant, juif, orthodoxe ou témoin de Jéhovah. A l'inverse, si un musulman veut porter la barbe et voiler sa femme et ses filles de la tête aux pieds, il vaut mieux qu'il retourne dans son pays. Moi, je n'ai jamais voulu y retourner, même quand on m'a offert, comme à d'autres, l'aide au retour. Quelle que soit la somme. De toutes façons, à chaque décennie il y a un problème avec une communauté. Il y a eu les Italiens, les Arméniens, les Juifs, et même les Bretons ! C'est au tour des Arabes, voilà tout. Ce que l'on oublie souvent, c'est que jusqu'en 1962 les Algériens qui venaient en France étaient français ! Et tous les enfants de ceux qui sont venus après l'indépendance, s'ils sont nés en France, eh bien ils sont français ! Et les enfants de tous ceux qui se sont fait tuer, pendant la guerre, pour que la France soit victorieuse, n'ont-ils pas mérité d'être appelés français ? Et mes enfants, qui sont nés en France, qui ne parlent pas arabe, qui parlent français, qui pensent français, pourquoi leur impose-t-on d'avoir la nationalité du pays d'origine de leur père ? Ça complique la vie et ça donne des arguments faciles aux racistes. Alors, c'est tout cela que j'explique dans les différentes associations où je milite, car maintenant j'ai le temps de réfléchir et d'agir pour être utile. Je suis comme une petite lumière pour ceux dont l'esprit est encore dans les ténèbres, conclut-il en paraphrasant Victor Hugo.

Puis, fixant les entrepôts, il ajoute tristement :

– Le dernier jour, en mars 92, tous les ouvriers qui ont été licenciés ont reçu un livre sur la régie et sur la vie de Louis Renault, des montres et des tee-shirts, avec, imprimé sur le devant, le dessin de l'île Seguin. Je sais que beaucoup d'entre nous ont gardé ce dessin imprimé dans leur cœur.

La voix rauque de Kiki s'est brisée. Quand il me raccompagne à la porte, ses yeux se sont à nouveau emplis de larmes.

Depuis notre rencontre, je le revois souvent, en pensée, debout à sa fenêtre, amoureux au cœur blessé, irrésistiblement attiré par son indifférente maîtresse.

Abdel
ou la double injustice

De son passé encore vibrant d'activité et de sueur ouvrière, la houillère désaffectée de Douai ne conserve que des bâtiments délabrés, aux vitres cassées, aux armatures de fer rongées par la rouille. Au beau milieu de cette désolation, couvert d'un dallage de ciment, le puits sur lequel continue à veiller le squelette inanimé du « chevalement », noir de suie, laissant pendre inutilement des câbles qui, depuis des années, ne permettent plus aux ascenseurs de descendre les hommes et de remonter la houille « abattue ». C'est là qu'Abdel m'attendait, en soufflant dans ses mains rougies par le froid. Un gros bonnet de laine, de couleur grise, enserre son visage maigre. Il a largement dépassé la cinquantaine, de grands cernes bleuâtres, autour de ses yeux, soulignent une apparence maladive, accentuée par deux profondes rides qui s'enfoncent dans ses joues. Au-dessus de sa bouche, la moustache, grisonnante, est jaunie par endroits, comme rongée.

– Je reviens souvent ici, s'exclame-t-il d'une voix rauque. Quand je suis arrivé, pour la première fois, c'était le 30 août 1963, à 4 heures du matin. Enfin si on peut dire le matin, tellement il faisait sombre ! Je venais directement du Maroc. C'était la première fois que je sortais de mon pays. Le voyage m'a paru interminable : des heures et des heures, sans parler à personne, à essayer de deviner le paysage. Dès que le bateau est arrivé à Marseille, ensuite dans le train qui allait à Paris, puis dans le deuxième train, jusqu'à Douai, et enfin à travers les vitres du car qui me conduisait ici, à la houillère, je n'ai vu que du gris.

Une violente quinte de toux interrompt son récit, et la crise passée, les yeux rouges, la voix plus rauque, il poursuit :

– Là-bas, au pays, j'étais ouvrier agricole, je faisais les travaux des champs, mais ce n'était pas régulier comme activité, alors quand j'ai entendu dire qu'il y avait quelqu'un qui allait venir recruter des gens pour travailler en France, dans les mines, j'ai décidé de me présenter. On était plusieurs centaines à attendre, devant la porte du bureau de recrutement. On a attendu pendant deux jours entiers. Enfin, le recruteur est arrivé et s'est présenté : « Monsieur Mora, de la Sagenorpa. » A la manière dont il a dit son nom et celui de la société, j'étais tout fier parce que je croyais déjà parler français. Le recruteur m'a tendu la main et je lui ai souri. Ensuite, il m'a serré la main longuement, d'une drôle de façon, et je lui ai repris mon sourire.

Abdel m'indique un recoin apparemment protégé des morsures du vent et, en toussant, me propose de nous y installer.

– Je n'ai su que longtemps après ce que signifiait cette façon de serrer la main. Si la main était calleuse, c'était bon pour la mine et le recruteur nous mettait sur la main un coup de tampon vert. Ceux qui n'étaient pas pris avaient une marque rouge.

Abdel me regarde fixement, le visage grave.

– J'ai eu le tampon vert, sur le dessus de ma main. Ensuite, il y a eu la visite médicale, la prise de sang et la radio pour les poumons. Le recruteur, très sympathique, a averti tous ceux qui avaient une bonne santé que la Sagenorpa allait s'occuper de tout, du contrat d'un an, du transport, de l'arrivée, du logement gratuit avec l'électricité gratuite, et même du billet pour le retour. « De tout », a-t-il répété plusieurs fois. J'ai dit la même chose à mes parents et à ma femme.

Abdel s'interrompt pour tousser et relève le col de sa veste où il manque deux boutons.

– Deux jours avant le départ, il nous a apporté des petites photos et nous a expliqué celle qui désignait la poste pour le courrier, celle qui indiquait la pharmacie avec la croix. Tout était au même endroit que le logement, pas très loin de la mine et très loin de la ville. Le jour même de mon arrivée, ici, le contremaître m'a dit : « Abdel, tu sera “abatteur”. » C'était mon travail, « abatteur », ouvrier pour abattre le charbon. Le logement, je ne l'ai vraiment découvert que la nuit, en revenant de la mine. On m'a appris que c'étaient d'anciens baraquements, que les Allemands avaient construits pendant la guerre... pour y mettre des prisonniers, avoue-t-il au terme de quelques secondes de silence.

– Nous étions six dans un baraquement, six par chambre. « Mais vous avez l'eau courante », avait insisté le recruteur. Six par chambre avec des roulements, c'est-à-dire que, quand les trois du matin dormaient, les trois autres travaillaient, et vice-versa. Comme les autres, il m'a fallu apprendre à résister, à lutter contre le sommeil.

Abdel baisse la tête et regarde la terre, entre ses pieds, où quelques herbes s'accrochent aux pierres noires.

– Pendant un an, là-dessous, j'ai abattu le charbon, parfois le matin, parfois l'après-midi. Je n'avais pas l'intention de rester, la famille me manquait. Je croyais même que je ne parviendrais pas à finir mon contrat d'un an, tellement c'était dur. Après toutes les heures passées sous terre, parfois à une profondeur de mille mètres, quand je ressortais je ne voyais plus rien, j'avais tout juste la force de me changer, de me laver. Épuisé, je m'endormais le front sur ma gamelle. Lorsque le contrat d'un an s'est enfin terminé, le contremaître m'a fait venir au bureau et m'a dit, sans même me regarder : « C'est comment ton nom déjà ? Tu es un bon "abatteur". Tu vas partir deux mois en perm, et ton contrat est renouvelé. Tu as un nouveau contrat, de dix-huit mois. »

Abdel penche la tête, observe la terre sous laquelle il s'est enfoui des jours durant.

– Je n'ai rien dit, parce qu'au fond de moi j'étais fier d'être apprécié, même si c'était très pénible cette vie où il n'y avait que le travail, la fatigue, et toujours recommencer, sans parler aux gens d'ici, aux Français. Aucun contact, aucune sortie, sauf le jour où le car est venu nous chercher pour la perm et nous a amenés devant une grande tente. Je croyais être à l'aéroport, mais sous la tente il y avait toute une organisation autour du recruteur : la pesée, la douane, le contrôle... Puis, le car nous a amenés presque directement à l'avion pour Agadir.

Abdel s'interrompt et reprend plusieurs fois son souffle, comme s'il avait du mal à respirer.

– Quand mes deux mois de congé se sont terminés, je suis retourné à l'aéroport. Le recruteur était déjà là, pour l'embarquement. J'ai refait la même chose qu'à l'aller, toujours sans aucun contact avec le monde extérieur, enfermé avec les autres, comme dans un bocal. Et le temps a passé. J'ai continué à faire l'abatteur, mais j'étais de plus en plus fatigué. Un jour, au bout d'un an, j'ai eu un accident.

Il s'interrompt à nouveau et regarde sa jambe, longuement.

– J'étais tellement crevé que je me suis assoupi et la tire à l'eau, la machine qui fait cinq cents kilos de pression, je ne l'ai pas vue, elle a atterri sur ma jambe. J'ai perdu connaissance et je me suis réveillé à l'hôpital. Un mois d'hospitalisation, huit mois de convalescence. Le recruteur a été le seul à me rendre visite. Quand il est entré dans la chambre, il m'a dit : « Maintenant, comme l'indique ton contrat, la Sagenorpa ne peut employer ni les accidentés du travail, ni les malades. Ton contrat se termine dans six mois. Tu ne peux pas rester, tu vas repartir au Maroc. Mais la Sagenorpa s'occupe de tout, de tout. »

Il s'interrompt, respire plusieurs fois, essoufflé, comme s'il manquait d'air.

– Je ne l'écoutais plus. Je me suis souvenu du jour où il y a eu une grève, organisée par la C.G.T., pour protester contre les accords pris avec le Maroc au sujet des contrats de dix-huit mois. Dix-huit mois, c'était juste le temps nécessaire pour être rongé par la silicose ou être atteint de surdité.

Sans qu'il connaisse son état, le mineur immigré était renvoyé au pays. A l'époque, je n'avais pas insisté, surtout que le représentant de l'Amicale des Marocains était venu spécialement à la houillère et il avait dit à l'intention des grévistes : « Vous êtes venus pour travailler, pas pour faire des manifestations, ni des grèves ! Celui qui ne veut pas travailler, je le renvoie au Maroc, et dès qu'il passera la douane ses ennuis vont commencer. »

Abdel se lève brusquement et frotte ses mains l'une contre l'autre plusieurs fois, puis essaie, sans succès, de boutonner sa veste :

– Je n'avais jamais eu le temps de repenser à tout ça, mais après l'accident, j'ai eu le temps. Et je me suis aperçu, petit à petit, qu'il y avait beaucoup trop de différences avec les camarades mineurs français de souche. Pour nous, il n'y avait ni droits, ni pension de retraite ou d'invalidité.

Une expression de colère durcit le visage fatigué et les yeux sombres.

– J'ai résisté, j'ai bataillé et j'ai gagné. Je suis resté. Un jour, après dix ans de solitude, le 20 juin 1974, j'ai eu enfin l'autorisation de faire venir ma femme du Maroc. Sauf que la Sagenorpa ne voulait pas me donner une de ses chambres, parce que ma femme n'était pas en France. Et le Maroc ne voulait pas la laisser partir, parce que je n'avais pas de logement et que ce n'était pas conforme aux conditions du regroupement familial.

Une nouvelle quinte de toux l'interrompt quelques secondes.

– L'assistante sociale m'a aidé à dénouer le problème, et ma femme est arrivée. Au début, c'était encore plus dur pour elle que pour moi, parce qu'elle ne voulait pas rester, mais quand les enfants sont nés, elle a fini par s'habituer. Moi aussi, j'avais l'idée de repartir, et puis, petit à petit, je ne sais pas comment c'est venu, mais je me suis attaché à ce pays où l'on m'a fait venir, il y a trente-trois ans. Je me suis même attaché à cette fosse ! Mes enfants sont nés ici, ils font leurs études ici. Le Maroc, pour eux, c'est surtout le pays où ils vont pour les vacances.

Doucement, un sourire apaisé vient détendre les traits tirés de son visage.

– Aujourd'hui, je milite dans une association, « Les anciens mineurs du Pas-de-Calais ». Quand on parle de tout ce qu'on a vécu, il n'y a plus de différence. D'ailleurs, je me suis rendu compte que, grâce à la France, j'ai appris la franchise, le droit de dire « merde » quand on a de bonnes raisons de ne pas être d'accord. Mais je n'ai jamais parlé de toute ma souffrance à mes enfants. Je ne veux pas qu'ils soient haineux ! Je veux qu'ils deviennent de bons citoyens.

Le visage éclairé d'un beau sourire optimiste, Abdel m'a serré la main et s'est éloigné, en boitant et en toussant, de la houillère désaffectée.

Malgré la honte, la discrimination, la souffrance de constater que la Sagenorpa n'avait voulu de lui que les quelques mois où il était au mieux de sa forme, il s'était battu pour rester, envers et contre tout. Grâce à sa lutte acharnée, grâce à ses enfants, grâce à son désir de maîtriser le ressentiment et la haine, jour après jour, ce pays d'exil lui était devenu plus cher que sa terre natale.

Ahmed Bourras
ou le revers de la médaille

Ahmed Bourras habite à Givors-Ville, une banlieue située à une vingtaine de kilomètres de Lyon, coincée entre le Rhône, un canal, l'autoroute qui va à Saint-Étienne, un réseau de multiples voies ferrées et les hauts-fourneaux où s'effectue la sous-traitance du charbon. Une petite pluie fine et pénétrante a dû inciter les habitants à se calfeutrer dans leurs appartements, car il n'y a guère de promeneurs pour animer la rue. Pas de magasins, le centre commercial à des kilomètres et un boulanger qui n'a pas ouvert son rideau... Un peu avant l'entrée de la cité, un café-tabac-loto-P.M.U. offre son haleine enfumée et fétide aux espérances quotidiennes. Je suis entrée me réchauffer un peu et vérifier l'adresse griffonnée à la hâte. Il n'y a que des hommes, et mon arrivée ne passe pas inaperçue. Je me dépêche d'avaler une gorgée de thé et ressors les joues rouges, sentant ces regards masculins peser sur mon dos.

La plupart des fenêtres de la cité sont ornées de paraboles, champignons gigantesques qui prolifèrent ici comme dans tant d'autres cités ouvrières de banlieue. Je monte au troisième étage, avec l'impression d'être le seul événement d'un après-midi où hier ressemble en tous points à aujourd'hui comme à demain. La sonnerie grinçante a déchiré le silence étouffant de l'escalier et la porte s'est aussitôt ouverte. Ahmed Bourras me fait entrer dans l'appartement. C'est un petit homme d'une cinquantaine d'années, habillé d'un survêtement aux couleurs bleu-blanc-rouge, dont le visage se plisse en une multitude de petites rides dès qu'il sourit ou qu'il ferme les yeux. Il me conduit jusqu'au canapé, couvert d'un tissu à fleurs marron et crème, et disparaît quelques instants. D'un coup d'œil rapide, je m'aperçois que sur la télé, sur le buffet, des photos de famille traditionnelles côtoient des trophées argentés de toutes sortes. Ahmed Bourras revient, les bras chargés d'un grand plateau cuivré, d'où sa tête dépasse à peine : « Ma femme a tout préparé, mais elle est allée voir sa cousine, enfin, j'veux dire, elle est pas là, quoi ! » Il dépose précautionneusement le plateau sur la table, en faisant attention de ne rien renverser, ouvre le paquet de biscuits, sert le thé fumant, et reste planté devant moi en se haussant sur la pointe des pieds, comme pour paraître plus grand. Pendant que nous buvons le thé, j'ai l'impression que l'on m'observe. En face de moi, sur le mur, trône la photo agrandie d'un homme âgé, à la moustache épaisse, en gandoura d'une blancheur immaculée.

– C'est mon père ! s'écrie Ahmed Bourras, qui a suivi mon regard. Quand il m'a eu, il avait 50 ans. Oui, oui ! Puisqu'il était né en 1796. Euh, non, en 1896. Moi, je suis né en 1946, ça fait qu'on avait juste cinquante ans de différence, quoi.

Sur ces informations chiffrées, il jette au portrait du père un regard plein de déférence, avant de s'asseoir sur le bord du canapé. Nous commençons à discuter.

– Je suis arrivé en août 1957. On venait d'un petit village des environs d'Alger rejoindre mon frère aîné Kader, qui avait été embauché pour travailler le charbon à Givors-Canal. A cette époque, l'Algérie était encore un département français. Kader a voulu faire venir toute la famille, ma mère, mon père, mon autre frère Rachid, et Zorah...

En prononçant ce prénom, ses joues et ses oreilles ont brusquement rougi.

– Ben... Je ne sais pas si je dois dire ces choses. C'était une femme que mon père ramenait du pays pour mon frère Kader, comme cela se fait dans nos traditions.

Un grand sourire ferme à demi ses yeux, puis

le sourire disparaît. Son regard s'auréole de multiples petites rides.

– J'avais 11 ans et je laissais tous mes copains, alors je n'étais pas tellement enchanté de venir. En plus, il y avait ce brouillard et je ne comprenais pas ce que c'était. A cause de lui nous avons raté la gare. Au lieu de descendre à Givors-Canal, toute la famille s'est arrêtée à Givors-Ville. On a attendu Kader dans la gare, jusqu'à la nuit. Quand il nous a retrouvés, il n'était pas tellement content, ni qu'on se soit trompés de gare, ni de Zorah !

Tout gêné à nouveau, il regarde, en rougissant, la photo du père.

– Enfin bref, il en avait trouvé une autre, ici, alors tu vois, les traditions ne pouvaient pas coller. Zorah a dû retourner en Algérie. J'aurais bien voulu y retourner aussi, caché dans sa valise. A l'école, nous n'étions que deux d'origine algérienne. C'était la guerre en Algérie, et nous n'étions pas très bien vus. Il arrivait qu'on repêche des cadavres dans le Rhône, et on ne savait pas trop qui avait fait le coup. C'était la guerre aussi entre le F.L.N. et le M.N.A. Tout ce que je sais, c'est qu'un de mes oncles me faisait porter des lettres, pour le F.L.N. je crois, parce que je n'ai jamais lu ce qu'il y avait dans ces lettres ! Je partais sur mon petit vélo, et maintenant je réalise que je prenais des risques. Mais comme mon père m'avait demandé de le faire, j'obéissais.

Il regarde à nouveau le portrait sur le mur, puis ajoute en baissant la tête.

– C'est que mon père m'influençait beaucoup. Il me demandait, après l'école ou avant, d'aller porter du petit-lait. Ma mère le faisait, et ça aidait un peu, côté finances. J'en portais surtout aux célibataires du foyer qui travaillaient pour les hauts-fourneaux. Il faisait tellement froid dans leur chambre que je m'en rappelle encore. J'avais beaucoup de respect pour mon père, beaucoup. Et il m'a toujours mis dans la tête l'idée de retourner en Algérie. Cette idée ne m'a jamais quitté, et j'ai voulu la transmettre à mes enfants. Ah, les enfants ! s'exclame-t-il, soudain épuisé. J'en ai cinq. Les trois premiers sont nés à Lyon, mais les deux derniers, les deux jumeaux, on les a eus ici, à Givors-Ville. Ça fait qu'ils sont tous nés en France.

Cette constatation a fait naître un océan de plis sur le front d'Ahmed Bourras.

– Enfin, comme tous les enfants algériens qui sont nés après 62, ils ont la chance, comme on dit, d'avoir la double ! La double nationalité. C'est-à-dire qu'ils peuvent avoir le choix. Et c'est pour ça que tout petits je les ai emmenés en Algérie, un mois, deux mois, jusqu'à ce qu'ils aient 17, 18 ans. Parce que je ne voulais pas qu'ils soient déphasés, je voulais qu'ils soient au courant de la vie, de la mentalité des gens en Algérie. Parce que imaginons que je ne les aie jamais emmenés en Algérie, hein, imaginons...

Son regard se dirige vers le mur où est fixé le portrait du père.

– Si jamais je ne les avais pas emmenés en Algérie, à 20 ans ils auraient pu me le reprocher. Imaginons qu'il y en ait un, par exemple l'aîné, le grand, Djamel, qui me dise : « Je veux aller m'installer en Algérie. » Il aurait pu être complètement déphasé. Surtout que je n'étais pas le genre de père à dire : « Maintenant, c'est bon. Allez, hop ! On prend les bagages et on se tire. » Non. Je les ai laissés libres.

Mal à l'aise, Ahmed Bourras se lève pour prendre une photo, figée dans un cadre, sur la télé.

– Là, c'est mon frère Rachid, celui qui est venu avec moi en France. Il a neuf ans de plus que moi, et pendant les événements, enfin la guerre, il a eu un rôle. C'était un militant, très nationaliste, et il avait pris la direction de l'Amicale des Algériens de Givors-Ville et Givors-Canal. Lui, ses enfants, même s'ils sont tous nés à Givors-Canal, il les a élevés complètement dans l'idée du retour. Surtout que lui, comme il était plus vieux que moi, il était encore plus marqué par l'idée de mon père.

Il désigne, sur la photo, les six garçons et les quatre filles de Rachid.

– Seulement voilà – il parle plus bas –, son fils aîné, Farid, avait trouvé du travail ici. Il fallait qu'il prenne la nationalité française. Alors mon frère n'a pas supporté, il a dit que non seulement il perdrait sa vraie nationalité, l'algérienne, mais qu'il perdrait surtout sa dignité.

Ahmed Bourras se perd dans la contemplation de ses baskets pendant quelques secondes, puis il regarde à nouveau la photo serrée dans sa main.

– C'est à ce moment-là que le gouvernement français a proposé l'aide au retour, vous savez la loi Stoléru : dix mille francs pour repartir au bled. C'était le père qui signait et il emmenait avec lui toute la famille, même les enfants qui étaient nés en France. Mon frère Rachid m'a dit : « Tu as vu, c'est tout ce qu'on vaut. Dix mille francs ! » Ça l'a dégoûté. Il a décidé de repartir avec sa femme, ses enfants et les dix mille balles, parce que cette loi lui donnait raison, à lui comme à mon père. Il voulait que ses enfants se sentent avant tout algériens. C'était important, pour leur identité. Ce qui s'est passé, c'est que... tous ses enfants sont revenus. Ils n'ont pas supporté ! Maintenant, ils sont clandestins, même plus français ! Que vont-ils devenir ?

Les épaules d'Ahmed Bourras se sont légèrement affaissées, sa main s'est relâchée. La photo glisse et disparaît dans les fleurs colorées du canapé.

– Quand je suis revenu à Givors-Ville, j'ai pensé à la façon d'éduquer mes enfants, pour qu'ils soient les meilleurs le jour où ils retourneraient en Algérie, pour qu'ils soient sur des bons rails et qu'ils ne fassent pas n'importe quoi au point de vue boulot. Qu'ils ne fassent pas comme les pères, les tapis de route. Le goudron ! Moi, le boulot dans le charbon, je ne l'ai pas fait de gaieté de cœur. Je n'étais pas vraiment motivé, mais mon père, même s'il m'a donné une bonne éducation, il n'avait pas les moyens de me permettre de faire autre chose.

Il lance au portrait un regard où se mêlent la reconnaissance et le reproche.

– Alors, mes enfants, je ne les ai pas lâchés ! Déjà on habitait une Z.U.P., donc il fallait les surveiller. Du jour où j'ai eu mes enfants, je ne suis plus sorti. Plus de café avec des copains, plus de cartes ou de dominos. Rien ! Même pas le dimanche ! Comme l'huile sur le feu, je les ai surveillés : « Où tu vas ? », « Avec qui tu vas ? », « A quelle heure tu rentres ? »... J'avais tellement peur qu'ils prennent un mauvais chemin ! Je les ai mis au sport, pour les défouler, parce que moi j'étais fou de sport mais mon père me l'avait interdit. Et chaque été, ils venaient avec moi en Algérie.

Ahmed Bourras baisse la tête et tire nerveusement sur la fermeture à glissière de sa veste de survêtement, qu'il descend et remonte deux ou trois fois.

– Mon idée, c'était qu'ils soient meilleurs et plus

performants que les autres. Avec ma femme, nous étions complices. Parce que dans une famille, on n'a pas droit à l'erreur. A Djamel, je lui ai toujours rabâché : « Attention, il faut que tu sois meilleur que les autres, parce qu'en cas d'égalité tu ne passeras pas. » C'est pour ça que, depuis le début où je l'ai mis au judo, il a eu des médailles. Il n'a jamais baissé les bras, même s'il me reproche d'avoir été un peu dur avec lui.

Avec fierté, il me montre les trophées qui ornent tous les meubles de la pièce.

– Y a quand même un petit truc... C'est au niveau du regard des autres. C'est pas comme s'il était un Français de souche. Quand il gagne, ça n'a pas le même impact.

Le ton de sa voix oscille, sans pouvoir se déterminer, entre le contentement et le regret.

– Dans les journaux on dit de lui qu'il ne boit pas d'alcool, qu'il ne mange pas de porc, qu'il fait la prière... Mais ça ne fait rien... Il s'accroche, et on sera très fier de la victoire d'un fils d'immigré, quand Djamel ramènera une médaille à l'Algérie.

Mercredi 24 juillet 1996, Atlanta.

Djamel Bourras, surnommé Djamel la Bourrasque, remporte la médaille d'or olympique dans la catégorie des moins de 78 kilos, en battant en finale le champion du monde japonais, Toshihiko Koga. Très fier, droit, la tête rasée, une boucle à l'oreille, il a levé le front en entendant *La Marseillaise*, les yeux brillants fixés sur le drapeau tricolore... Djamel entrait de plain-pied dans l'histoire du sport français, inséparable de l'histoire de l'immigration maghrébine.

Hamou et Mamoud ou les anciens combattants

– En 1939, je venais juste d'avoir 18 ans, je me suis engagé comme militaire, à Oujda. En ce temps-là, nous étions tous pareils, il n'y avait pas de différence : le régiment, avec les chevaux, l'artillerie, les canons. On a tous été faits prisonniers dans le Nord, à Dunkerque. Les Allemands nous ont encerclés et ils ont crié : « Halte ! » Le commandant a appelé le capitaine. Il a fait sonner le clairon et nous a rassemblés. Il y avait un grand silence. Il a levé la tête et nous a dit : « Mes enfants, la France n'a pas perdu la guerre, elle a perdu une bataille ! Au revoir, les enfants. » Il a sorti son revolver, et tac ! Il s'est tiré dans la tête. Et le capitaine, tac ! Dans l'oreille.

Hamou raconte en ces termes « sa » Seconde Guerre mondiale. A 78 ans, il a un visage plutôt étroit où brillent de petits yeux noirs, vifs et malicieux, des cheveux blancs coupés très court et une moustache blanche, irrégulière, qui zigzague sous son nez. Dès qu'il parle, son visage s'anime et se plisse autour des yeux. Il porte un survêtement bleu marine, un peu trop grand pour lui car le pantalon tirebouchonne sur ses baskets, ses mains disparaissent à moitié dans les manches du blouson chaque fois qu'il fait un geste. Il a suspendu à son cou un cordon marron, une sorte de lacet de chaussure, au bout duquel deux petites clés accompagnent ses mouvements. Tout en marchant, Hamou me dirige vers l'entrée du foyer de célibataires de la Sonacotra, rue Alsace-Lorraine, à Drancy, une rue sans magasins, sans vitrines, avec comme perspective un mur de pierre encrassé de poussière de charbon.

– La gare est juste derrière, explique Hamou en remontant, une fois de plus, la manche de sa veste. C'est bien d'être près de la gare, si on veut prendre le train, mais je ne le prends jamais, conclut-il en éclatant de rire.

Devant le bâtiment aux fenêtres grillagées, sans rideaux, presque hostiles, un double escalier de trois marches conduit à la porte d'entrée.

– A gauche, c'est pour ceux qui viennent du Maroc, d'Algérie ou de Tunisie, et à droite c'est pour ceux qui viennent d'Afrique, enfin les *karla* comme on dit, les Noirs quoi ! Tu comprends ou tu comprends pas ?

Un groupe d'hommes vêtus de boubous, de turbans aux couleurs vives, le visage et les mains noirs comme l'ébène, sortent du bâtiment, dévalent le côté droit et me regardent, apparemment stupéfaits de m'apercevoir derrière Hamou.

– C'est un foyer de célibataires, enfin de célibataires mariés au pays. Ça fait trente ans qu'on vit entre nous. Tu comprends ou tu comprends pas ?

L'entrée ouvre sur un couloir aux murs défraîchis, aux tons marron et ocre, où stagnent une odeur de renfermé, des émanations d'huile de friture froide et de désinfectant ammoniaqué. Avant de l'emprunter, un grand panneau, noir de poussière, accroche le regard : « Il est interdit d'égorger le mouton dans l'enceinte du foyer. » « Et dans la chambre », complète une indication au feutre rouge.

« Je vais te chauffer du café. Tu viens ? » Sans attendre ma réponse, Hamou fait quelques pas dans le couloir puis descend allègrement les marches d'un escalier aux murs gris, d'aspect poisseux. « Nous sommes arrivés », dit-il tout content. Il pousse une porte, appuie sur l'interrupteur : une lumière crue, jaune, agressive, inonde la pièce, plus longue que large, encombrée de quatre lits, apparemment très étroits, plaqués contre les murs. Sur chaque lit pend la même couverture vert bouteille, dont l'aspect rappelle celui des trames de serpillières. A chaque angle se dresse un placard de fer, aux angles un peu rouillés, aux poignées fermées par un cadenas. A l'aide d'une des deux clés qui pendent à son cou, Hamou ouvre le sien sur lequel est inscrit, en rouge, le numéro 320. « Tout ce qui est là est à moi », s'écrie-t-il fièrement. En haut du placard est rangée une valise déformée, entourée d'une grosse ficelle. Sur l'étagère du milieu, un peu de linge apparaît, jeté en vrac, et tout en bas une cafetière-lessiveuse que les flammes d'un réchaud ont léchée jusqu'à mi-hauteur, en laissant des traces noires.

– Je suis obligé de la descendre dans ma chambre. Ça fait trois fois que pffft ! on me la fauche en haut !

Il me fait asseoir sur son lit, dont les ressorts grincent aussitôt.

– On a de la chance, s'exclame-t-il en plissant ses petits yeux. Il y en a deux qui sont au pays pour les vacances. L'autre, dit-il en désignant le lit vide, il est parti acheter des sardines au marché. Depuis trente ans que j'habite ici, j'ai toujours eu la même chambre, mais pas toujours les mêmes voisins. Avant, il y avait deux Kabyles, mais on n'arrivait pas à se comprendre. En ce moment, je suis avec des Arabes. Ça va mieux, ça va beaucoup mieux.

Serrant toujours sa cafetière sur sa poitrine, Hamou se dandine d'un pied sur l'autre. Sur la porte ouverte du placard, quelques cartes postales jaunies, aux bords racornis, évoquent le Maroc.

– Ça fait cinquante ans que j'ai quitté Oujda.

Non ! Cinquante-deux ! Enfin, plutôt cinquante et un. Depuis que je suis venu, je travaille sur le chantier, dans le bâtiment, tous les jours, dix heures, douze heures, le samedi aussi. J'ai un dimanche par mois. La femme vit à Oujda avec les enfants. Au début, chaque fois que je retourne à Oujda, il vient un autre fils ou une fille. Ça fait que j'ai neuf enfants. Enfin, huit !

Hamou s'interrompt, le front plissé, pour compter sur ses doigts.

– Comptez sept. Parce qu'il y en a deux qui sont morts, précise-t-il flegmatique. Chaque mois, j'envoie de l'argent à Oujda. La femme a tout ce qu'il faut. J'ai toujours travaillé, je n'ai pas besoin de grand-chose et je n'ai jamais été malade. Sauf une fois, en 58, non en 59 ! Oui, c'est ça, en 58. J'étais fatigué, fatigué ! La machine était toute cassée, je n'avais pas le moral, j'avais un gros abcès à la jambe et pour la première fois je vais *au* docteur. Il m'a posé beaucoup de questions : « Où tu habites ? Tu vis dans un foyer de célibataires ? Alors, tu vis tout seul ? Ta femme, tu ne la vois qu'une fois par an ! Tu vois d'autres femmes, dans l'année ? » J'ai aussitôt protesté : « Ah, non, monsieur le docteur, je marche droit. Je fais pas le "zigzag". » Le docteur m'a dit : « Mais tu ne peux pas rester comme ça ! Tu vas tomber malade, si de temps en temps tu ne fais pas la vidange. » Quand je l'ai quitté, j'ai bien réfléchi. Et je suis allé là-bas, *chez* Barbès. Tu comprends ou tu comprends pas ? Allez viens, on va boire le café, s'écrie-t-il brusquement, en éclatant de rire.

Sans lâcher sa cafetière, il referme soigneusement le placard 320, laisse la porte de la chambre ouverte et me fait signe de le suivre dans l'escalier. Deux étages plus haut, il pile net. « Ça y est ! On est arrivés. » Il me précède dans une grande salle, médiocrement éclairée par deux fenêtres grillagées, où il fait plutôt froid. De chaque côté de la salle, une dizaine de réchauds à gaz alignés, presque entièrement recouverts d'une épaisse couche de graisse noire, et au-dessus, posés sur une étagère, quatre couscoussiers au ventre cabossé, enduits de la même graisse, quelques casseroles qui gardent par endroits les restes d'une couleur vive, bleue ou rouge, et deux poêles dont on aperçoit le manche de fer. Plusieurs longues tables, au bois foncé, décoloré par l'usure, ou rongé par les taches, et des chaises en fer attendent les pensionnaires. Au fond, un immense évier, une sorte de lavoir, sur lequel sont posées quelques assiettes près d'un morceau de savon de Marseille. Au-dessus, une grosse pendule cerclée de fer, comme celles que l'on trouve dans les hôpitaux, rythme implacablement le cours du temps.

– Assieds-toi, je m'occupe de tout, assène Hamou en regardant autour de lui d'un air satisfait. On est bien ici, il y a tout ce qu'il faut ! C'est pas comme au bidonville de Saint-Denis. Là-bas, on vivait dans des cartons. Un jour, il y a eu le feu et il y a eu des morts. La France, avec un peu de notre argent, nous a construit ce foyer. Tu ne sais pas tout ça, toi. Vous, les enfants d'aujourd'hui, vous êtes des enfants de rois.

Il se dirige vers le mur où sont alignés une dizaine de casiers en fer, assortis aux chaises et aux placards des chambres, semblables à ceux des consignes de gare. Il se dresse sur la pointe des pieds, ouvre, avec une de ses clés, le casier 320. Dans un espace presque trop grand, sur une étagère, trônent une bouteille d'huile, une boîte en fer et, côte à côte, un paquet de café, un paquet de farine, une boîte de sel, une assiette et deux verres, un morceau de savon et, au-dessous, un sac en plastique Casino d'où dépasse la pointe verte d'un poivron. « Tu veux du sucre ? » demande Hamou. Sans attendre la réponse, il prend la boîte en fer, l'ouvre avec difficulté, la pose sur la table, en extrait un morceau de sucre qu'il dépose précautionneusement dans mon verre et chasse de la main trois cafards qui se promènent dans la boîte. Puis il verse le café dans le verre et admire l'intérieur du casier, comme s'il contenait un trésor.

Une silhouette furtive se glisse dans la pièce. Un homme qui doit être de la même génération qu'Hamou s'avance lentement, enfoui dans un manteau trop long et trop large, un cageot sous le bras. Il n'a plus de cheveux, juste un léger duvet qui accentue la maigreur de son visage. Comme s'il avait froid, il frotte plusieurs fois ses mains l'une contre l'autre et me regarde, abasourdi. Puis il fixe Hamou et éclate d'un rire convulsif, rauque, proche du sanglot.

– Personne ne sait de quoi ça vient, mais il est un peu..., commence par dire Hamou. Puis il frappe son index contre sa tempe pour que je comprenne mieux. Pendant ce temps, le vieil homme pose péniblement le cageot par terre, en tire un sac en papier marron, sanguinolent, qui dégage une forte odeur de poisson, et découvre une dizaine de sardines. Sans ôter son manteau, sans jeter un regard dans notre direction, avec des gestes d'automate, il ouvre le casier 372, dont le contenu, hormis le cageot et le poivron, ressemble en tous points à celui du casier 320. Il prend une assiette, dans laquelle il dépose un tout petit peu de farine, enduit les sardines, puis, les doigts poisseux, se dirige vers les réchauds et saisit une des deux poêles. Un premier crépitement, bientôt suivi des éclats de friture et d'une odeur tenace de poisson et d'huile recuite, se répand.

– Ça sent bon, hein ! s'exclame Hamou. Ça te fait envie, les sardines ?

Comme le café a déjà du mal à passer, je récuse cette offre d'un petit signe de tête.

– Pendant la guerre, poursuit Hamou en se

levant brusquement et en faisant les cent pas devant la table, il n'y avait qu'un kilo de pain pour dix hommes. J'ai crevé de faim, comme les autres. Et je suis resté trois ans prisonnier en Allemagne, avec tous ceux de mon régiment. A cette époque, on était comme les Français, tous pareils, comme des amis. Mais depuis trente ans que je vis au foyer, je n'ai plus jamais eu d'amis français. J'en ai même jamais vu qui viennent ici. On reste entre nous. Tu comprends ou tu comprends pas ?

Le nouveau venu s'installe devant ses sardines, qu'il commence à mastiquer, lentement, en nous regardant sans nous voir de ses yeux ternis par un début de cataracte. Le bruit d'une canne qui cogne le parquet et une respiration pesante annoncent une autre présence.

– Ah, c'est toi, Mamoud ! s'écrie Hamou en marchant à la rencontre du nouveau venu. Tu veux du café ?

– Non, répond en soufflant fortement le dénommé Mamoud, qui s'arrête, pas très loin de moi, à l'autre bout de la table, presque en face de l'amateur de sardines. Il hoche la tête dans ma direction, en guise de salut. Mamoud est assez grand, le poids de son dos voûté repose sur une canne qu'il pose contre la table, avant de s'asseoir avec difficulté. Il porte un costume bleu marine, à rayures blanches, aux poignets usés, un peu fripé, et qui flotte sur ses jambes. Une grande mèche blanche recouvre son crâne. Il me fixe sans rien dire de ses yeux bleus, entourés de cernes sombres.

Hamou a pris un autre verre, l'a rempli de café, et le pousse d'autorité en direction de Mamoud : « Allez, bois. » Puis, se tournant vers moi, il m'explique :

– Lui, il est venu d'Algérie en 62, non, en 63 ! Enfin, en 62. Il est venu au moment de l'indépendance, mais avant il a fait la guerre, comme moi.

– Non ! Pas comme toi ! réplique Mamoud en s'énervant et en renversant un peu de café sur la table. Moi, j'avais la nationalité française, c'est pas pareil, c'est pas comme toi ! Et en plus, j'ai fait la bataille en Italie, là-bas à Monte-Cassino, puis à Marseille, et même jusqu'en Hollande. J'ai fait toute la guerre, de 1939 à 1946, en première ligne. J'ai même eu le dos cassé à la guerre. Oui, madame !

Mamoud courbe un peu plus le dos et son visage se crispe, comme sous le coup d'une douleur toujours persistante.

– Après la guerre, j'avais à peine 24 ans, je suis retourné en Algérie. Je boitais beaucoup, mais j'ai été quand même embauché comme ouvrier, dans les vignes. A l'époque, en Algérie, il n'y avait pas des Français. C'étaient des colons ! Les colons, ce sont les propriétaires des vignes. Ils m'ont fait travailler jusqu'à la nuit, en m'appelant « l'indigène », et quand je suis allé chercher la paye ils m'ont donné un coup de pied. Comme j'insistais, ils m'ont filé un coup de fusil. Quand je suis allé le dire aux gendarmes, les gendarmes m'ont dit : « Toi, tu *digages.* » Oui, madame !

Une expression de colère froide, mêlée d'incompréhension, durcit son regard bleu.

– Alors, comme je ne suis pas un indigène, j'ai décidé de venir travailler *à la* France. Je suis venu ici le 12 septembre 1959. J'ai laissé l'Algérie, la pauvre. Elle faisait la guerre contre les colons, mais moi j'avais pris ma décision, je savais que la France respecterait mes droits. Oui, madame !

Hamou continue à faire les cent pas, de la table aux réchauds, des réchauds à la table, en accélérant de plus en plus le rythme.

– J'ai trouvé un travail dans le bâtiment, comme lui, précise Mamoud en désignant Hamou qui tire sur la ceinture de son pantalon de survêtement et le remonte jusque sous ses aisselles. La première année, je suis allé en vacances au pays, en 1962, pour fêter l'indépendance, pour la voir de près, et aussi pour me marier. Mais il n'y avait pas de travail là-bas. Alors, comme l'Algérie est d'accord avec la France, je reviens ici, tout seul. Je me serre une « double » ceinture pour envoyer l'argent et faire construire une petite maison, mais vraiment petite. Je suis retourné, tous les deux ans, voir ma famille qui pousse sans moi. Je voulais la faire venir, parce qu'elle me manque. Mais chaque fois que je demande un logement, on me dit que je n'y ai pas droit.

Mamoud passe sur son front une main tremblante.

– Alors, je continue à travailler. Pendant treize ans, je fais la mine, je fais l'usine, je fais le bâtiment. Et toujours, j'envoie de l'argent et j'attends le jour de retourner là-bas. Un jour, sur le chantier où je travaille, le mur de la maison que je suis en train de construire me tombe dessus. Je reste en dessous ! J'ai eu les deux jambes cassées.

Il appuie de toutes ses forces ses bras maigres sur la canne, tandis qu'Hamou se met à faire des flexions et que l'homme aux sardines mâchonne un mégot noirci, non allumé, en regardant fixement le mur qui lui fait face.

– Le docteur, quand il m'a vu, il m'a dit : « Tu vas mourir. » Je suis resté six ans à l'hôpital, pour la réparation des jambes, mais je ne suis pas mort. Et quand j'ai demandé une petite pension, on m'a répondu que je n'y avais pas droit. Alors, franchement, qu'est-ce que ça veut dire ? Je n'ai rien donné à l'Algérie, je n'ai jamais fait la guerre pour l'Algérie. Alors, c'est normal, tu crois, que je n'aie pas de droits ?

Du côté de l'évier, surgit un éclat de rire nerveux, qui résonne comme une plainte. Hamou me regarde du coin de l'œil, en rigolant, et frappe plusieurs fois son index contre sa tempe.

– Franchement, s'écrie Mamoud en soufflant comme s'il manquait d'air, cinquante-deux ans j'ai travaillé pour la France ! J'ai pas travaillé pour l'Algérie ! Alors ? Alors... j'ai tout raté. C'est le ratage, oui madame ! Le ra-ta-ge ! La vie, je l'ai pas vue passer, elle est passée à côté de moi. Et maintenant, qu'est-ce que c'est l'avenir ? La femme là-bas, les enfants et les petits-enfants que je connais à peine, et moi ici ! Franchement, je n'avais pas calculé comme ça. Je pensais travailler cinq ou six ans, travailler dur, bien dur, et retourner là-bas. Et j'ai tout le contraire. Maintenant, je suis vieux, je suis malade, je souffre, et qu'est-ce que j'attends aujourd'hui de la vie ? J'attends la mort ! Ça, je sais que j'y ai droit.

Avec de grandes difficultés, Mamoud parvient à se remettre debout. Il se recroqueville sur la canne, mais ses yeux bleus regardent droit devant lui, sereins à présent, comme débarrassés d'une colère désormais inutile.

– Franchement, s'écrie Hamou dès que Mamoud est sorti de la salle, moi aussi j'ai la maison, là-bas au Maroc, mais j'aime pas rester. Deux mois, pas plus ! Un peu là-bas, beaucoup ici, c'est ça la double vie. C'est comme ça qu'on dit ? Et quand j'en ai marre, je reviens ici, au foyer. Chez moi ! Le matin, je me lève à 4 heures, je bois mon café, je fais la prière, et après je fais mon sport. Je marche, dehors, pendant des kilomètres. Et puis, je reviens me coucher, jusqu'à 10 heures, je me lève, je fais la prière, je rebois le café, je prépare le manger, je mange et je fais la sieste. A 4 heures, je fais la prière, je bois le café, je fais encore un peu de sport, à 6 heures et demie, je fais la prière, je mange le poivron et une pomme de terre, et à 8 heures et demie je fais la prière et après je dors. C'est pas bien, ça ? C'est mon destin, c'est comme ça ! Je ne sais pas où je vais mourir. Là-bas ? Ici ? Peut-être au milieu. Et puis je ne suis pas tout seul. On est des centaines, comme moi. Elle est bien, la France. Moi, j'ai confiance dans la France. J'ai confiance pour l'argent, parce que, depuis vingt ans que j'ai le compte à la poste, jamais il manque un centime quand je reçois la paye. Jamais elle se trompe dans mon compte, la France. Jamais ! C'est pas vrai ça ?

Les petits yeux noirs tout plissés d'Hamou se sont remplis d'une admiration respectueuse.

Quand je me suis retrouvée dans la rue Alsace-Lorraine, la pluie commençait à tomber. J'ai relevé le col de ma veste. Je ne voyais plus rien, obsédée par ces deux hommes parvenus au soir de leur vie. Le piège de l'immigration avait lentement refermé ses mâchoires de fer sur deux destins, deux vies d'hommes-robots, mariés un mois par an, célibataires le reste de l'année. L'un reste optimiste, envers et contre tout, l'autre subit le poids de la fatalité, mais la venue inéluctable de la retraite a vidé ces deux vies de leur principale substance. Délivrés du carcan du travail, ils ne peuvent même pas jouir du respect et de la reconnaissance auxquels ont droit les anciens dans la tradition musulmane, et ils attendent, dans ce mouroir sordide, comme de vieux arbres transplantés sous d'autres cieux, que la mort les déracine à tout jamais.

Les mères

En 1974, au lendemain de l'élection de Valéry Giscard d'Estaing à la présidence de la République, le gouvernement Chirac officialise le regroupement familial afin de mettre un terme à toute nouvelle immigration et de fixer les travailleurs maghrébins, qui, dans leur immense majorité, ont laissé au pays femmes et enfants. Philippe Moreau-Desfarges rappelle le sens de cette décision. « Giscard et son gouvernement, explique-t-il, voulaient apparaître comme des gens ouverts, modernes, humains. Pour que l'arrêt de l'immigration ne soit pas insupportable aux yeux d'une partie de l'opinion, l'un des moyens était de laisser venir les familles. »

Quelques-unes d'entre elles étaient entrées clandestinement en France, dans les années 50, et habitaient dans des bidonvilles. Jean-Pierre Perthus, chargé de mission au groupe interministériel pour la résorption de l'habitat insalubre (G.I.P.), note : « Dans les années 60, les bidonvilles ont foisonné un peu partout autour des grandes villes de France, notamment dans la région parisienne. Un jour, de la voiture qui le conduisait dans le Nord, le général de Gaulle a aperçu le bidonville de Nanterre. Il a dit : “C’est trop laid, c’est inhumain, changez-moi tout ça.” »

Après avoir été mariées et être restées seules au pays, parfois pendant quinze ou vingt ans, les mères, accompagnées des enfants en bas âge, reçoivent l’autorisation de rejoindre les pères. Seulement, aucune politique du logement n’accompagne le regroupement familial. François Ceyrac reconnaît : « On a vu apparaître à ce moment-là un problème de société, qui n’était pas du tout un problème d’entreprise. On a vu s’installer en France une société algérienne qui, auparavant, vivait en Algérie. Elle s’est installée à la périphérie des villes, dans les banlieues, parce que les problèmes de logement étaient affreux. »

Certes, depuis 1970, à la suite de l’incendie d’un hôtel-dortoir pour travailleurs immigrés, et de l’émotion d’une partie de l’opinion, la loi Vivien sur la résorption de l’habitat insalubre a été mise en œuvre. La destruction des bidonvilles, véritables kystes purulents en lisière des grandes villes, est menée à bien. Jean-Noël Chapulut rappelle : « L’immigration familiale était trop importante pour qu’on puisse à la fois loger dans de bonnes conditions les familles qui arrivaient – une vingtaine de milliers de familles nouvelles chaque année – et faire un rattrapage rapide des conditions de logement des familles qui étaient déjà là. Je pense qu'il aurait fallu maîtriser davantage l'immigration familiale. Pas tellement pour des raisons d'argent, parce qu'en fait on a eu beaucoup de financements H.L.M. qui étaient, à l'époque, à quarante-cinq ans et à 1 %, donc très bon marché. Six cents millions de l'époque, donc l'équivalent de deux à trois milliards aujourd'hui, ont été consacrés au logement des étrangers. Or, le logement libre, c'est essentiellement le logement neuf qui était créé à cette époque. On ne voulait pas y mettre uniquement des familles étrangères. »

La destruction des bidonvilles laisse donc la place aux cités de transit, ou bidonvilles « en dur », faites pour durer juste le temps nécessaire pour que les familles obtiennent une H.L.M. Certaines cités, prévues pour « tenir » six mois, vont durer plus de vingt ans ! Entourées de barbelés, surveillées par un gardien, par la police, elles doivent permettre aux immigrés d'apprendre les règles élémentaires du bien-vivre en H.L.M. « D'après les lois, d'après les textes réglementaires, la cité de transit devait accueillir la famille pour deux ans, explique Jean-Pierre Perthus. Deux années d'action socio-éducative pour apprendre à vivre en France, en quelque sorte. Et l'immense majorité des familles est restée vingt-cinq ans dans les cités. » Isabelle Massin, chargée de mission auprès du G.I.P., ajoute : « La cité de transit s'est considérablement dégradée, elle est devenue un abcès de fixation. »

Dans cet environnement urbain hostile, les mères vivent l'enfermement, en marge de la France, dans la souffrance d'un exil qui n'a même pas la justification du travail. Si elles supportent la douleur du déracinement et de l'exil, c'est parce qu'elles pensent que leur présence est provisoire. « Quand je faisais des visites à domicile, raconte l'assistante sociale Amina Norman, ce qui m'a le plus frappée, c'est que les logements des familles maghrébines n'étaient absolument pas installés. Il y avait des cartons, une table avec quatre chaises, et rien d'autre. Et quand je posais la question, la réponse était toujours la même : "On va retourner au pays, un jour." » Analphabètes pour la plupart, les mères ne pourront que recréer, à l'intérieur de ce logement temporaire, l'univers de la société maghrébine, avec ses traditions, sa religion, et, sans jamais l'exprimer, elles se sentent investies d'une mission : éviter que leurs enfants, surtout s'ils naissent sur le sol français, ne s'enracinent dans ce monde étranger. Elles rejoignent ainsi les visées de l'Amicale des Algériens en France. « Il ne faut pas oublier que le président de l'Amicale des Algériens était nommé par le gouvernement algérien et qu'il avait pour mission d'empêcher les Algériens de s'ancrer en France », souligne à ce propos Philippe Moreau-Desfarges.

Leur présence en France paraît aux mères d'autant plus provisoire qu'entre 1976 et 1981, en pleine crise économique, apparaît la politique d'aide au retour, d'abord sur la base du volontariat puis de manière de plus en plus pressante. Moyennant une somme de dix mille francs, le chef de famille rend sa carte de travail et de résident, et repart au pays, avec femme et enfants. Lionel Stoléru, secrétaire d'État aux Immigrés dans le gouvernement de Raymond Barre, justifie cette politique : « Deux ans après la crise du pétrole, en 1976, on s'est aperçu que le taux de croissance avait diminué, que l'emploi avait diminué. En accord avec le gouvernement de Raymond Barre, j'ai proposé une action en trois volets : intégrer les travailleurs immigrés qui étaient en France légalement ; arrêter toute nouvelle immigration ; organiser une aide au retour volontaire et une réinsertion dans le pays d'origine. Cette politique en trois volets était une sorte de révolution. »

Pour parer aux critiques, le gouvernement crée l'émission *Mosaïque*, le dimanche matin à la télévision, afin que puisse s'exprimer l'identité culturelle des immigrés maghrébins.

En dépit de ces mesures, arrêtées en accord

avec les gouvernements du Maghreb, les familles restent sur le sol français. Les mères commencent à accepter que le provisoire s'installe et, après des années d'attente, accèdent aux H.L.M. Certaines d'entre elles apprennent à se diriger dans la ville, suivent des cours d'alphabétisation, mais elles continuent d'assumer leur rôle de gardiennes de la culture d'origine. Pourtant, peu à peu, elles commencent à réaliser que, grâce à l'école laïque, leurs enfants s'ouvrent aux valeurs de la société occidentale, qu'ils souhaitent y tenir un rôle. Ce sont ces enfants qui vont transformer l'immigration de travail des pères en immigration de peuplement et qui empêcheront que se concrétise le projet de retour.

Devenues grands-mères aujourd'hui, ces mères effectuent des allers-retours entre la terre d'accueil, où vivent enfants et petits-enfants, et le pays d'origine où elles souhaitent être enterrées. Rares sont celles qui envisagent de sacraliser la terre de France comme terre de sépulture.

Yamina et le cahier-journal

En sortant de la station de métro Garibaldi sur la ligne Saint-Denis-Basilique, je n'ai pas trouvé tout de suite la rue du Docteur-Bauer, où habite Yamina et où elle donne des cours d'alphabétisation. J'ai regardé sur un plan, mais, pour plus de certitude, j'ai décidé de demander à un épicier maghrébin occupé à se gratter consciencieusement la tête devant des salades défraîchies et des tomates pâles. Flairant une cliente, il s'est approché en souriant, un sac en papier à la main.

– Connaissez-vous la rue du Docteur-Bauer, à Saint-Ouen ?

Il a stoppé net son geste vers le cageot de salades.

– Oui, madame. Bien sûr ! Enfin, c'est-à-dire que je la connais. Je la connais, mais je ne sais pas où elle est.

Je suis donc repartie à l'aventure. Après un bon quart d'heure d'errance, parvenue à l'angle de la fameuse rue, j'ai découvert Yamina, guettant mon arrivée derrière le rideau de la fenêtre. Des relents de friture collent, poisseux, aux murs de l'escalier, étroit et poussiéreux. Sur sa boîte aux lettres, une petite affiche indique : « Cours d'alphabétisation 1er étage gauche ». Quand elle est venue m'ouvrir, je n'ai vu que des plantes vertes. Elles encombrent la pièce et dissimulent, à mieux y regarder, un mobilier ordinaire. Au fond, dans une sorte de salon exigu, six chaises de toile bleue sont installées autour d'une table posée sur des tréteaux, sur laquelle sont jetées, en vrac, des lettres d'alphabet comme en ont les enfants à l'école primaire, mais aussi quelques craies et un livre de lecture, *Rémy et Colette*.

Yamina est une femme d'une cinquantaine d'années, dotée d'un embonpoint imposant, qu'elle tente de dissimuler sous une robe orientale vert pâle dont les dorures, autour de l'encolure, ont perdu leur éclat. Des cheveux encore noirs, coupés court, accentuent l'empâtement des joues et du menton, mais le regard et le sourire conservent une grâce juvénile. Elle m'invite à prendre place sur le canapé, s'assoit pesamment, loin de moi, près de la table où sont posés des cahiers d'écolière recouverts d'un beau papier bleu.

– Je viens d'Algérie. Je suis née dans un petit village, près de Bougie, commence-t-elle d'une voix fluette qui contraste avec sa silhouette massive. Mais tu sais que tu as la tête d'une Bougiotte !

– Mon père est de Bougie, c'est vrai, ai-je avoué décontenancée.

– Alors, toi aussi, tu es fille d'immigré !

Elle saisit le premier cahier posé devant elle, le serre avec force, tout intimidée, puis l'ouvre lentement.

– Excuse-moi, mais je ne pourrai jamais parler de moi. Si ça ne te dérange pas, je vais lire mon histoire. J'ai tout écrit, là, dans le cahier.

Yamina prend la pose, redresse le buste, tousse un peu pour éclaircir sa voix.

– Mon père est d'abord arrivé seul, avant de nous faire venir, ma mère et mes trois sœurs, en laissant mon grand-père paternel chez ma cousine. J'avais six ans...

Elle détache chaque syllabe, comme si elle déchiffrait. Ses joues rondes ont légèrement rosi.

– ... Sur le bateau, il y avait une autre famille maghrébine, avec quatre garçons. C'était drôle. Eux aussi avaient l'air de venir en France pour la première fois. Au début, la mère nous regardait sans parler. Puis, peu à peu, elle a parlé avec ma mère et elle a commencé à me tripoter, en disant que j'étais... Je n'arrive pas à lire le mot que j'ai écrit ! s'exclame-t-elle, cramoisie.

Pour dissiper sa gêne, elle se lève et me propose de goûter. Pendant qu'elle s'affaire dans la cuisine, je regarde la page d'écriture : une calligraphie enfantine, accablée de ratures et ponctuée de quelques taches. Elle revient, les bras chargés d'un plateau sur lequel elle a posé deux verres, une bouteille de Coca allégé et des bonbons, aux couleurs criardes, en forme de nounours, de lézards, de souris. « Je les adore ! » commente-t-elle, comme pour s'excuser. Après avoir déposé le plateau sur la table, elle m'invite à me servir, sans cérémonie, et engloutit, voluptueusement, un nounours rose. Revigorée, elle reprend le cahier et poursuit la lecture.

– En disant que j'était *r'loua*, sucrée comme on dit chez nous. – Elle éclate d'un rire cristallin. – Quand nous sommes arrivées à Paris, mon père nous attendait au train. Il nous a conduits à notre maison. C'était un hôtel meublé, rue de Belleville, où nous avions une chambre, pas plus grande que celle-là, pour y vivre à six : mes parents, mes trois sœurs et moi. La pièce servait de cuisine, de salle à manger et de chambre, suivant le moment. Par pudeur, nous avions étendu deux draps, autour du lit de mes parents.

Elle lève la tête, croise mon regard, et pour se donner du courage avale une souris, plus verte que sa robe.

– Nous dormions dans le même lit, toutes les quatre. La couverture dans laquelle j'enfouissais ma tête sentait à la fois les poireaux, les oignons, la friture, et les pieds de ma plus jeune sœur. Bercée par le ronflement régulier de mon père, qui exhalait jusque dans son sommeil des relents de goudron et de plâtre, je finissais, malgré tout, par m'endormir. Nous y sommes restés sept ans, dans cette pièce. Pendant la journée, nous allions à l'école et nous ne revenions que le soir. L'école ! J'adorais l'école ! J'avais toujours le premier prix, le prix d'honneur, j'ai même décroché le certificat d'études qui devait me permettre d'entrer en sixième, dans la branche commerciale. J'adorais les livres. Je les lisais et je les relisais. Cet amour de la lecture, je le dois à une maîtresse qui me laissait respirer son parfum, au creux de son manteau de fourrure.

Yamina ferme les yeux, plisse le nez comme si les effluves étaient revenus chatouiller ses narines. Quelques secondes après, elle ouvre les paupières, tourne les pages du cahier et reprend sa lecture.

– Nous avons déménagé et nous sommes installés à Montfermeil, aux Goudreaux, une cité composée de baraques toutes pareilles où il n'y avait que des Maghrébins. Elle ressemblait à un village d'Algérie, dont on aurait ôté le soleil, les palmiers et le jasmin.

Les traits de son visage perdent leur sérénité, le front se plisse et elle laisse s'échapper le cahier.

– Un jour, alors que je venais d'avoir 14 ans, j'étais en train de relire *La Mère* de Pearl Buck.

Ma mère entre, enlève son foulard, se précipite sur moi, m'arrache le livre et m'expédie faire la vaisselle. Elle criait comme une hystérique. Je ne comprenais que des bribes. « Plus d'école... Fini... Fiancée... Morad... Famille du bateau... » Sans rien dire, j'ai fait la vaisselle et j'ai attendu que la nuit tombe. Quand tout le monde ronflait, je suis sortie et je me suis rendue jusqu'à un champ où poussait un saule pleureur. A l'époque, je croyais que cet arbre pleurait vraiment. Donc, j'ai pleuré avec lui, longtemps.

Un profond soupir soulève sa poitrine opulente et la fait trembler. Elle pousse l'assiette de bonbons, appuie ses coudes sur la table, pose son menton sur ses mains croisées et regarde le mur, au-dessus de ma tête, fixement.

– Morad, le fiancé du bateau, est venu avec ses parents. Il ne fallait pas que je le voie. Quand il est parti, ma mère m'a montré ses cadeaux : un coupon de tissu pour la robe du mariage, une montre et un collier. J'étais mince, à cette époque, minaude-t-elle en tirant sur les plis de la robe orientale. Nous avons célébré les fiançailles officielles en 1959. Il y avait toujours la guerre en Algérie, mais nous avons quand même fait une fête. J'ai mis la montre et le collier, les femmes ont dansé en frappant dans les mains. J'étais un peu étourdie, mal à l'aise sans savoir pourquoi.

Soudain, une amie de la famille, une matrone comme on disait, m'emmène dans la cuisine...

La voix se brise et elle soupire à nouveau, tend son bras grassouillet vers l'assiette de bonbons, hésite.

– La matrone s'est assise en face de moi. Elle a commencé par me dire qu'il ne fallait jamais que je monte sur un vélo, que c'était dangereux pour mon... Elle a prononcé un mot que je n'ai pas compris. Alors elle a glissé ses mains entre mes cuisses, pour me faire comprendre. J'ai poussé un cri. Elle était toute ridée, avec des taches sur la figure, ses mains et ses cheveux étaient rouges de henné, une vraie sorcière ! Après, elle m'a dit ce qui allait se passer entre mon fiancé et moi. Elle m'a remis sa main entre les cuisses et, avec l'autre main, elle a levé le doigt du milieu et a fait un geste que je n'ai pas compris. Puis, elle s'est mise debout en criant : « Ta chemise, il faut qu'elle soit tachée de sang, sinon... la honte pour ta famille ! » Elle a fait mine de se griffer les joues et de s'arracher les cheveux. Je me suis mise à pleurer, je ne pouvais plus m'arrêter. Je n'ai pas dormi de la nuit. Il faut dire que je ne connaissais rien à la sexualité. Je lisais des livres, mais j'étais ignorante de ces choses. Un jour, j'étais allée aider ma sœur qui venait d'accoucher. Il était 6 heures du matin. Je me suis assise au bord du lit et j'ai vu sa culotte posée sur la chaise, près du lit. Elle enlevait donc sa culotte pour dormir à côté de son mari. J'ai gardé les yeux fixés sur la culotte, sans pouvoir écouter ce que ma sœur disait. Le doigt du milieu de la main de la sorcière me rappelait le jour où j'avais surpris mon grand-père, urinant contre un mur. Il fallait bien qu'il ait un truc pour y arriver, comme un doigt peut-être ? Mais pourquoi la matrone avait-elle mis sa main entre mes cuisses ? Le lendemain, j'ai voulu questionner ma mère. Elle était en train d'éplucher les pommes de terre. Je lui ai dit que je ne voulais plus me marier. Elle m'a jeté les épluchures dessus, s'est arraché les cheveux, griffé le visage en hurlant : « Ton père va me tuer ! »

Yamina appuie plusieurs fois la paume des mains sur ses joues, comme pour atténuer leur rougeur.

– Malgré tout, j'ai écrit une lettre de rupture à mon fiancé. Sa famille a rappliqué, le père a secoué ma lettre sous le nez de mon père. Il la tenait à l'envers et commentait néanmoins le contenu. Quant à mon père, il a saisi la lettre et a commencé à la « lire », à l'envers lui aussi... Aucun des deux ne voulait que l'autre comprenne qu'il ne savait pas lire ! Je n'avais pas envie de rire. Mon père s'est précipité sur moi en criant : « Ah, c'est comme ça ! Tu deviens comme la France ! Elle t'a mangé la tête, la France ! » Il a défait sa ceinture et devant eux, devant mon fiancé, j'ai reçu la raclée de ma vie.

Lentement, de grosses larmes coulent et disparaissent dans les plis de son cou.

– Le mariage pouvait avoir lieu. Le fameux jour est arrivé. Très loin de la date de mes règles, comme l'avait exigé ma belle-mère. Tout le monde a continué de faire la fête et on nous a poussés dans la chambre. J'étais terrorisée. Je croisais mes bras tremblants sur ma poitrine. Morad avait bu, beaucoup trop ! Je revoyais mon grand-père, la culotte de ma sœur, le doigt levé de la sorcière et sa bouche sans dents. J'entendais les cris, les youyous, les coups sur la porte de la chambre. J'ai fermé les yeux, j'étais comme morte quand Morad s'est affalé sur moi, sans rien faire. Quand tout le monde est entré dans la chambre, il n'y avait qu'une petite tache jaune sur le drap. Ils ont cru que je n'étais pas vierge, mais je n'ai pas dénoncé mon mari. C'est à compter de ce jour que j'ai appris à me taire.

Peu à peu, les larmes ont séché. Yamina porte à sa bouche un lézard, d'un beau jaune paille.

– Le temps a passé, les enfants sont arrivés : trois filles, un garçon. Morad travaillait sur des chantiers comme manœuvre, ce travail le rendait chaque jour un peu plus abruti. Nous ne nous voyions que très peu, très tard le soir, et le dimanche chez les parents, une fois les siens, une fois les miens. Un dimanche à Aubervilliers, un dimanche à Montfermeil. Nous habitions un bidonville qui ressemblait en tous points à celui de mes parents. J'étais enfermée toute la journée. Je n'avais pas le droit de sortir. Il faisait les courses et il m'avait interdit de lire et même de lui parler. Une épouse musulmane doit se taire pour être respectée. Il pratiquait sa religion à coup de litres de rouge ! Je n'avais aucune amie, aucun contact avec l'extérieur, pas de télé, seulement un vieux transistor où j'écoutais les chansons d'Oum Kalsoum. Ça me plaisait, c'était comme des plaintes.

Elle chantonne doucement, en dodelinant de la tête, puis, le regard noyé, elle reprend le fil de son récit.

– Pour ne pas perdre la tête, je refaisais les mêmes choses, je lavais et je relavais pour tuer le temps. Je vivais dans l'antichambre de la France. Les seuls moments où l'on s'est occupé un peu de moi, ce fut lors de mes accouchements. Je revois la sage-femme, Françoise, assise à côté du lit. Elle disait « Alors, Yamina, c'est encore toi ! Tu ne vas quand même pas passer ta vie à pondre. »

L'expression la fait sourire. Son visage se rembrunit.

– Un jour, mon mari a commencé à me frapper. Il m'avait surprise à lire un vieux journal. Ensuite, il a continué, chaque fois que ça lui prenait. Je ne voulais pas divorcer, à cause des enfants, alors je l'ai supporté pendant vingt ans. Mais j'ai essayé d'élever mes enfants autrement. Je leur ai appris les belles choses de l'islam et de la vie.

Son regard, empli de désespoir, accroche le mien.

– Quand ma fille aînée a fugué, ce fut très dur. Et quand on l'a retrouvée, rien à faire, elle n'a pas voulu revenir. Je crois que pendant son adolescence, je faisais peu à peu mon apprentissage de la vie. Je réalisais que j'avais été femme sans avoir été jeune fille, que j'avais été mère sans savoir ce que voulait dire la maternité. Après son départ, j'ai décidé de trouver un travail et de divorcer. C'était en août. En novembre, j'avais une place de vendeuse, et en décembre le divorce était prononcé.

Yamina se lève, se place près de la fenêtre, me montre une feuille punaisée au mur. Elle lit le texte imprimé.

– *Sur mes cahiers d'écolier, Sur mon pupitre et les arbres, Sur le sable, sur la neige, J'écris ton nom... Liberté !*

Sa voix est grave. Elle s'arrête de lire.

– J'ai fait comme Paul Eluard, j'ai acheté des cahiers d'école et j'ai écrit. Il m'a fallu attendre d'avoir 40 ans pour connaître le sens de ce mot : « Liberté ». Au début, rien n'a été facile. En réalité, je découvrais la France. Les rues, les magasins, la télé, le métro, les Français. Quand j'ai commencé les démarches pour trouver un travail, on m'a répondu : « On n'accepte pas les Arabes. » Je n'ai pas compris, je me suis sentie profondément humiliée. Pour moi, j'étais française. J'ai fait connaissance avec le racisme. Pourtant, j'y suis arrivée, seule. J'ai trouvé ce petit appartement. En dehors de mon travail, je suis bénévole dans une association. Je donne des cours d'alphabétisation. D'ailleurs, c'est bientôt l'heure du cours, tu vas voir mes élèves.

Elle retrouve ce rire enfantin qui donne à son visage la candeur qui m'avait frappée.

– Le jour où j'ai quitté le domicile conjugal, mon frère est venu me voir et m'a annoncé : « Yamina, ton père te donne vingt-quatre heures pour retourner chez ton mari. » Alors je suis allée voir mon père et je lui ai dit : « Tu m'as fait partir d'Algérie à 6 ans, tu m'as fait quitter l'école à 13 ans, tu m'as fiancée à 14 et mariée à 16 ! Ce jour-là, il pleuvait autant que je pleurais. J'ai vécu la vie du bled en plein cœur de la France. Et je me suis toujours tue. Aujourd'hui, j'ai quatre grands enfants, j'ai 40 ans, et je ne veux plus jamais me taire. Je peux enfin te dire non ! »

Au même instant, sans attendre le bruit de la sonnette, elle va ouvrir la porte. Cinq femmes entrent, à pas mesurés. La plus jeune doit avoir 45 ans, la plus âgée 65. Elles me jettent des regards inquiets, se dirigent vers la table à tréteaux et s'installent à leur place habituelle. Puis, sagement, elles sortent leurs cahiers. Elles en sont à la lettre B. Yamina prend une ardoise, écrit quelques mots simples : « Bar », « Bal », « Bac »... Puis elle efface, mélange les lettres sur la table et demande aux élèves d'écrire à leur tour « Bal », en cherchant les lettres qui conviennent. Le front plissé, chacune réfléchit, lentement, consciencieusement. Une première vient de trouver. Elle place les trois lettres. Les autres applaudissent. Le groupe se remet au travail.

– Alors, Abda, pourquoi viens-tu au cours ? interroge Yamina. N'aie pas honte. C'est une fille de chez nous. Elle est de Bougie.

Elle me désigne, d'un mouvement de menton.

– Parce que je veux plus que tout le monde, il lit mon courrier. Le courrier, c'est personnel ! s'exclame tout émue de sa victoire Abda.

– Et toi, Bahia ?

– Moi, soupire cette dernière en rougissant, j'en avais assez de demander comment tu y vas, pour le métro, pour les adresses. Ça fait quarante années que je suis là, et jamais j'ai appris à écrire et à lire.

– Et toi, Hafida ?

– Moi, répond la plus âgée en martelant la table avec le livre de *Rémy et Colette*, maintenant que je suis grand-mère est venu le temps de penser à moi. Il est venu le temps de respirer. C'est pour ça que je viens au cours d'alphabétisation. Personne ne pourra m'en empêcher, personne !

Elle émet plusieurs sifflements victorieux qui fleurent bon l'indépendance.

Je me lève, sans faire de bruit. Chacune de ses élèves tente, avec ses faibles moyens, d'ouvrir la porte étroite qui l'amènera sur le chemin de la connaissance. Yamina me raccompagne jusqu'à la porte d'entrée, puis elle regarde *sa* classe avec beaucoup de tendresse. En aparté, je lui ai demandé dans combien de temps elles sauront lire et écrire. Yamina pousse un profond soupir, et répond, sans me regarder : « Jamais. C'est trop tard. »

Quand j'ai retrouvé l'agitation de la rue, l'épicier, près du métro, m'a reconnue. Il m'a adressé un large sourire. Le soleil printanier éclairait de lueurs douces l'immeuble où Yamina, après avoir fait son apprentissage de la liberté, donne, jour après jour, à d'autres femmes maghrébines immigrées l'envie de lire et d'écrire le mot français « Liberté » pour apaiser, un peu, la douleur du déracinement.

Zorah
pas plus bête que les autres

Près du canal Saint-Martin, dans le 11e arrondissement de Paris, Zorah tient un café-restaurant. Je m'y suis rendue, en milieu d'après-midi, à cette heure tranquille où les employés du quartier, qui s'y bousculent au moment du déjeuner, ont repris leur travail. L'établissement est pratiquement désert, les tables sont déjà préparées pour le repas du soir. Zorah m'accueille avec un large sourire. Elle doit avoir une soixantaine d'années, mais des cheveux poivre et sel coupés très court lui donnent un air juvénile. Son visage n'est pas trop marqué par la fuite du temps et ses yeux noirs pétillent de malice. Elle porte un tablier à petits carreaux bleus, d'où s'échappent les manches d'un chemisier blanc. Sur les murs, quelques photos d'Édith Piaf côtoient des paysages du sud algérien, ce qui donne à ce lieu une tonalité chaleureuse et insolite. Zorah me plaque deux baisers sonores et affectueux sur les joues. « Comment tu vas, ma chérie ? » Elle me présente sa cousine Radia, plus rondelette, vêtue d'une jupe plissée bleu marine tombant sur les chevilles, d'un chemisier à grosses fleurs orange et jaunes et d'un foulard assorti, enserrant ses cheveux.

– C'est avec elle que je suis partie d'Algérie, en 1948. Elle avait à peine 17 ans, et moi 18. Elle a volé les bijoux en or de sa mère et elle en a vendu quelques-uns, pour payer le voyage en bateau. Nous avons même été arrêtées par la police. Heureusement, ils nous ont laissées partir. Sur le bateau, nous serions mortes de faim si une famille juive ne nous avait pas donné du poulet, du *merkoda* et de la galette. Comme ils ont été gentils, tu te rappelles, Radia ?

– Bien sûr que je m'en rappelle, réplique cette dernière en haussant les épaules, comme pour signifier que le contraire serait impensable.

– J'allais en France pour retrouver mon père. Il était venu, avant la guerre, chercher du travail et en avait trouvé dans la région de Bordeaux. Pendant la guerre, il s'était engagé dans la Résistance et il aidait les Juifs à se sauver. Il a été dénoncé et expédié à Buchenwald. Le préfet de l'époque, il s'appelait Papon, je crois.

– Oui, c'est ça !, confirme Radia d'un air connaisseur. Même que ce Papon a été aussi ministre de l'Intérieur.

Zorah n'écoute pas. Elle prépare du thé, du

café, et aussi une bouteille de rosé. Les mains sur les hanches, elle reprend son récit, soudain nostalgique.

– Mon pauvre père ! Il avait fait 14-18, 39-45, la Résistance, la déportation ! Tout déglingué il était, quand je l'ai retrouvé. Je l'ai dit à cette bonne femme de la préfecture qui m'emmerdait pour les papiers. Tu te rappelles, Radia ?

– Et comment ! On a attendu des heures dans le bureau du troisième étage. La chaleur ! En plein mois d'août !

Zorah s'essuie les mains sur son tablier, d'un geste brusque.

– Tu sais, ma chérie, l'Algérie, à l'époque, c'était comme qui dirait un département, comme le 75 aujourd'hui. Mon grand-père était sous-douanier, pour les Français. Et mon père, il est entré très jeune dans la police, pour le gouvernement français en Algérie. Alors, faire la guerre à côté des Français, c'était normal. Et même si nous ne sommes pas trop allés à l'école, nous avons tous appris à bien parler français, sans l'accent.

Elle ajoute un commentaire, en arabe, et les deux femmes s'esclaffent. Étonnée par mon mutisme, Zorah m'interroge.

– Tu n'as pas compris ce que je viens de dire ? Mais comment, ma fille, tu ne comprends pas l'arabe ? *Mesquina*, la pauvre ! Radia, tu as vu, ses parents ne lui ont même pas appris l'arabe ! La pauvre ! Toutes deux me jettent des regards de commisération. Zorah enchaîne.

– En tout cas, mon père m'a donné une éducation qui fait que je n'ai peur de personne. Quand je suis arrivée à Paris, il avait un petit logement porte de Saint-Cloud. Il m'a appris à me débrouiller seule. Comme il a vu que j'étais un peu timide, il m'a dit que si la femme arabe, en Égypte, peut piloter les avions, à Paris elle doit pouvoir prendre le métro. Quand les hommes venaient demander ma main, lui, il sollicitait toujours mon avis et attendait ma réponse.

Elle passe la main dans ses cheveux courts, en signe de défi.

– Mon mari, quand je l'ai épousé, m'a dit qu'il commanderait. Je l'ai laissé dire, mais je fais comme je veux. C'est pas vrai, Radia ? Tu m'écoutes, oui ou non ?

Soudain convaincue par les propos de Zorah, Radia hoche la tête, consciencieusement.

– La preuve ma chérie, regarde mon commerce. Au début, j'ai commencé par faire la bonne. Chez les S., porte de Saint-Cloud. Tu connais ?

Devant mon expression évasive, elle insiste : Comment se fait-il que tu ne les connaisses pas ?

D'un geste de la main, elle balaie l'air, comme pour signifier que cela n'a aucune importance.

– Ils étaient plutôt gentils avec moi. Un jour, il faisait tellement chaud que Madame m'avait autorisée à manger avec eux, sur le balcon. Et voilà qu'en bas, des ouvriers maghrébins refaisaient le trottoir. L'un d'eux s'essuya la figure avec un grand mouchoir. Madame le regarda, en levant le sourcil – elle joint le geste à la parole –, se retourne l'air dégoûté vers son mari : « Comme ils sont sales, ces Arabes ! » Je n'ai pu m'empêcher de répliquer que les Arabes se lavent cinq fois par jour pour la prière, et que beaucoup de Français ne se lavent même pas une fois par semaine. J'en savais quelque chose ! Enfin ! Heureusement, il y avait les chansons d'Édith Piaf, pour supporter tout cela.

Zorah jette un regard attendri aux photos sur le mur.

– Tout ça pour te dire que je ne suis pas restée longtemps chez eux ! Après, j'ai travaillé en usine.

– Oui, approuve la cousine le front plissé, chez Say, l'usine de sucre. Ils étaient en plein Paris, rue Riquet. Après, il a fallu aller à la place Nationale, dans le 13e. Ils nous parlaient « petit nègre » : « Alors, la fatma, toi regarder panneau. » Ils nous prenaient pour des analphabètes.

Ce vocable fait naître des éclairs de ressentiment dans le regard vif de Zorah.

– Tu parles que je n'ai rien oublié ! D'accord, nous ne savons ni lire ni écrire, mais pourquoi analphabètes, hein ? Nous ne sommes pas plus bêtes que les autres. C'est comme ça que j'ai commencé à avoir l'idée du commerce. Aussi parce que ma mère vivait avec mon mari et moi, quand nous habitions rue des Mûriers. Mon mari, quand j'ai accepté de l'épouser, était ouvrier chez Renault, à Billancourt. Enfin, il était robot à la chaîne. Il y est resté trente ans. Il n'avait pas d'ambitions. Il était soumis, avait peur du patron, et en plus il avait dans la tête l'idée de retourner au pays. Quand j'ai parlé de prendre un commerce, il ne voulait rien entendre et surtout pas acheter ici, en France. Alors, nous avons vendu les bijoux qui restaient du temps où on avait pris le bateau. J'ai acheté le commerce au nom de ma mère, pour ne pas perdre les allocations. Je ne sais ni lire ni écrire, mais je sais compter.

Elle frappe plusieurs fois sa tempe de son index, pendant que Radia, bouche bée, lui lance des regards admiratifs.

– Voilà comment j'ai commencé à m'occuper d'un café. J'avais des ambitions ! Je voulais vivre comme les Françaises, je voulais une belle salle à manger, un beau lustre, un *respirateur* Philips. Oui, ma chère. Et en même temps, j'élevais mes enfants. Sept, en huit ans ! Bien sûr, peut-être qu'à cause du café je ne me suis pas assez occupée d'eux. Il fallait choisir. Je n'ai pas voulu me borner à les garder et... acheter le pain à crédit. Un jour, ma fille Malika, l'aînée, a pris une grappe de raisin à l'étalage d'un épicier français. Il l'a giflée et lui a dit que les Arabes étaient tous des voleurs. Alors, je me suis dit que je travaillerais jusqu'à ma mort pour qu'elle mange, non pas une grappe, mais des cageots de raisin !

Zorah contemple son établissement de l'air satisfait d'une mère qui a tenu son pari.

– J'ai plus de 60 ans et c'est ma fille Malika qui dirige. Sa fille, Farida, vient l'aider pour servir les clients. Mais je donne toujours le coup de main, Radia aussi.

Zorah observe Radia du coin de l'œil et attend une approbation qui ne saurait tarder.

– Oui ! Surtout que moi je n'ai pas d'enfants, enchaîne Radia en baissant la tête.

– Mes enfants ou les siens, c'est la même chose !

Silencieusement, Radia s'est levée. Elle prépare deux cafés qu'elle dépose devant nous.

– Tu sais, ma chérie, ce que nous avons vécu comme galère, ce n'est pas imaginable. Si je te racontais, ma fille, tu pleurerais tellement que la serviette ne suffirait pas pour essuyer tes larmes. La guerre d'Algérie, je peux te dire qu'il y a eu beaucoup de règlements de compte entre le M.N.A. et le F.L.N. Nous étions pris entre les deux, nous ne savions pas sur quel pied danser. Nous en avons vu passer des cadavres sur la Seine ! Nous avons dû donner beaucoup d'argent aussi ! Un jour, nous étions toujours rue des Mûriers, on frappe à la porte. Je vois trois grands inspecteurs.

Ils recherchaient un dénommé Saïd, un ami. Heureusement, il était chez Radia.

– C'est vrai, même qu'il a mangé un couscous, une orange et un café.

– Et après ce bon repas, il s'est fait descendre presque devant sa porte ! Aux trois grands inspecteurs, comme j'avais peur pour mes enfants, j'ai été obligée de dire que je ne le connaissais pas. Tu te rends compte ! Enfin, heureusement mes enfants sont nés en France, ils sont élevés comme les Français, sauf que leur pays c'est l'Algérie. Tu sais, ma chérie, que c'est très beau l'Algérie, surtout le Sud. Seulement voilà, on ne peut pas vivre là-bas. Rien qu'avec ces histoires de voile, on ne peut pas, nous ne sommes pas habituées. Et en plus, les enfants sont nés ici.

Péremptoire, Zorah agite les mains. J'observe sur sa main gauche un tatouage bleu, en forme de croix. Elle surprend mon regard et explique.

– Justement, j'étais dans le sud algérien et j'avais une sorte de boule, comme un pois chiche, sur la main...

– Un kyste, précise Radia en l'interrompant d'un air savant.

– Quoi, un kyste ? Une boule, un pois chiche ou un kyste, c'est la même chose ! Une bonne femme qui soigne avec des herbes, là-bas, m'a fait comme un tatouage, avec la pointe du couteau, une aiguille et du noir aux yeux. Ce tatouage est devenu bleu. Et elle a enlevé la boule.

– Le kyste, insiste Radia, opiniâtre.

– Bref ! J'ai une croix sur la main. Moi qui suis musulmane ! Enfin, ça tombe bien avec mes idées sur la religion. Pour moi, catholiques, jaunes, juifs ou musulmans c'est la même chose ! On devrait dire êtres humains. Alors pourquoi tous ces massacreurs ? C'est pas vrai, ce que je dis ? Oh ! Tu réponds Radia, tu as bien un avis ?

Radia se contente de hocher plus énergiquement la tête, à tel point qu'elle fait glisser son foulard et découvre des cheveux rutilants de henné.

– Oh ! Tu as fait la couleur, aujourd'hui. Comment ça se fait ? D'habitude c'est à la fin de semaine, que tu la fais. En tout cas, moi, quand je suis en Algérie, au bout de deux mois, je m'ennuie, j'étouffe ! Heureusement, je fais les gâteaux avec du beurre français qui me coûte une fortune. La femme de mon fils, elle a tellement fait des études qu'à la cuisine elle n'est bonne à rien. Elle est molle. Tu ne peux pas imaginer, ma chérie. Le temps qu'elle bouge un doigt, j'ai fait le repas. Et en même temps, je mets la 2. Je regarde le feuilleton américain, comment s'appelle-t-il déjà ?

– *Les Feux de l'amour*, répond Radia sans hésiter. Elle te dit pas que, quand elle est en France, elle écoute Algerian TV, avec la parabole.

– Forcément ! Nous, les immigrés, nous avons un bras par ici et un bras de l'autre côté. La preuve, quand c'est le moment du départ, à l'aéroport, quand je dépasse la douane algérienne, je me dis que dans deux heures je serai à Paris. Du coup, je respire, je vais mieux. C'est plus dur pour les enfants. Ils n'arrivent pas à tenir l'équilibre. Il y en a beaucoup qui rencontrent la drogue, d'autres le sida...

Un gros sanglot l'empêche de poursuivre. Radia se lève, entoure affectueusement les épaules de Zorah et prononce tout bas, en arabe, des paroles réconfortantes. En soupirant contre le *mektoub*, Zorah s'essuie les yeux avec le coin de son tablier, se lève et disparaît dans la cuisine.

– C'est comme ça qu'elle a perdu ses deux fils, commence Radia à voix basse. Le brusque retour de sa cousine l'empêche de finir.

– Je n'ai pas compris, soupire Zorah les yeux encore emplis de larmes. La drogue et le sida m'ont enlevé mes fils. Je n'ai pas compris. Elle tousse bruyamment et, avec sa véhémence coutumière, constate : En tout cas, on ne peut pas mourir et être enterré ici. Moi, je n'aime pas l'enterrement dans le cimetière français. En Algérie, au moins, tu peux encore acheter la terre, tu es sûr que ta tombe reste tant que la terre n'existera plus. Ici, en France, ils te démontent ce qu'il reste de tes os pour faire de la place et mettre quelqu'un d'autre. C'est pour ça que ma famille, ma mère, mes deux fils, je les ai emportés avec moi, là-bas, en Algérie. Pour mon oncle, je n'avais pas les moyens. Je l'ai enterré ici, dans le carré musulman. Depuis, j'ai peur qu'ils le jettent.

– Oui, au bout d'un certain temps, si tu ne payes plus, ils te jettent. C'est vrai, surenchérit Radia, avec un regard inquiet.

– De toutes façons, si c'est son destin d'être jeté, alors ils le jetteront, conclut Zorah, fataliste. Moi je dis que ma chance serait de mourir d'un seul coup, en Algérie. Mais en continuant à vivre ici, en France.

Un client s'approche du comptoir. Sa jupe mi-longue dissimule mal des mollets musclés et sa perruque s'incline un peu trop sur son front. Souriante, chaleureuse, Zorah l'accueille d'un « Comment tu vas, ma chérie ? » tonitruant. Elle me lance, à la dérobée, des clins d'œil complices. Radia, la tête penchée, trottine derrière le comptoir pour exécuter la commande.

En sortant du café, j'ai fait quelques pas, en direction du canal. J'ai pensé que la volonté d'intégration de Zorah n'allait pas jusqu'à souhaiter que son corps repose en terre de France.

Fatma et Ahmed et le wagon des « Pologne »

La voiture avance lentement, sous la pluie, dans les rues de Quièvrechain, une petite localité à quelques kilomètres de la frontière belge. Le mouvement lancinant des essuie-glaces me ramène des années en arrière, dans cette petite ville du nord de la France où je suis née, où j'ai passé mon enfance et mon adolescence. Malgré sa froideur apparente, la bruine fait resurgir des sensations enfouies, des souvenirs d'autrefois. Ici aussi, toutes les maisons se ressemblent : de plain-pied, en briques rouges, avec un minuscule jardinet sur le devant, chacune d'entre elles donnant une curieuse impression de déjà-vu. Me voici enfin rue de l'Hôtellerie, je descends de voiture et, le temps de sonner à la grille, j'ai déjà les cheveux et le visage complètement humides. Heureusement, la porte d'entrée s'ouvre rapidement et Ahmed apparaît, tout petit, tout souriant. Il semble avoir dépassé la soixantaine, marche à petits pas, comme s'il craignait de tomber. Son pull-over, visiblement tricoté main, tombe jusqu'aux genoux, un bonnet assorti enserre un peu son visage et le fait ressembler à un vieux nourrisson. A pas lents, nous atteignons enfin l'intérieur de la maison. Une très forte odeur de mazout envahit tout l'espace.

« Ça y est, elle est là ! » annonce Ahmed d'une petite voix fluette. A cet instant, Fatma fait son apparition. C'est une grande femme qui dépasse d'au moins deux têtes son mari. Une longue jupe plissée, de couleur sombre, un chemisier blanc à col rond, sur sa tête un foulard brillant, multicolore, cache complètement ses cheveux. Un visage aux traits énergiques, le nez assez fort, des yeux noirs qui me scrutent sans complaisance, Fatma se tient très droite. Elle me serre vigoureusement la main et me fait entrer dans ce qui semble être la salle à manger-salon de la maison.

« Enlève ton manteau et viens t'asseoir à côté du feu. Allez, viens *quoua* ! », ordonne-t-elle avec un accent chtimi inattendu, qui résonne de manière incongrue dans sa bouche et dans la pièce. Glacée mais amusée, j'obéis sans me faire prier davantage, pendant qu'Ahmed se précipite pour me débarrasser du manteau, en regardant sa femme avec des yeux où se mêlent l'admiration et l'envie de lui faire plaisir.

« Je vais préparer *la teï*, le thé », s'exclame-t-il

en esquissant un sourire, puis il sort de la pièce à reculons, comme s'il attendait quelque chose, et finalement disparaît dans le couloir. Pendant ce temps, Fatma m'installe dans un fauteuil en simili cuir marron, proche du poêle à mazout au centre de la pièce, et s'assoit de l'autre côté, sur un fauteuil identique. Tandis qu'elle m'observe, silencieuse, un peu distante, elle semble écouter les bruits de vaisselle qui parviennent de la cuisine, quand soudain la sonnerie du téléphone retentit, dans l'entrée. Elle se lève précipitamment, les yeux brillants, transfigurée. « Je suis sûre que c'est Shéhérazade, ma fille aînée, *quoua* ! Elle m'appelle de Strasbourg », s'écrie-t-elle comme pour s'excuser de devoir me laisser seule.

Pendant qu'elle file vers le téléphone, les bruits de vaisselle se sont interrompus et j'aperçois la tête d'Ahmed qui vient écouter la conversation. Il a gardé son gros pull, mais il a enlevé le bonnet de laine qui cachait deux belles oreilles, presque à l'horizontale de ses joues. « *Schkoun ?* Qui c'est ? » demande-t-il à sa femme avec l'air de savoir parfaitement qui est au bout du fil. Sans répondre, Fatma engage une conversation et, constatant qu'il ne s'en va pas, lui signifie d'un geste brusque de la main, accompagné d'un « *Aya ! Emchi !* » excédé, que sa présence n'est pas indispensable.

« Tu n'as pas froid ? » me demande-t-il sans me

regarder, avec un petit sourire contrit qui accentue encore la dimension de ses oreilles, puis il retourne s'affairer dans la cuisine.

Partout, quel que soit l'endroit où se pose mon regard, une infinité de napperons, empesés, immaculés, brodés, en dentelle, en plastique, couvrent les fauteuils, la table, les chaises, l'étagère, la télé... Pas un seul morceau de bois nu ! Une quantité impressionnante de sujets en porcelaine, dans des tons pastel, bleu tendre, rose bonbon, vert d'eau, mauve pâle : des marquises, des bergères, des cerfs, des chiens et des bouquets de fleurs artificielles figés sur les inévitables napperons. Deux horloges, luisantes, massives, au lourd balancier de cuivre, indiquent qu'il est bientôt 15 heures. Au même instant, le refrain de *J'ai du bon tabac* vient se mêler étroitement à celui d'un carillon classique. Fatma repose le combiné du téléphone, revient en chantonnant puis s'écrie, d'une voix forte, en direction de la cuisine : « Shéhérazade ne vient pas samedi, elle remplace le maire. C'est nous qui y allons ! » En continuant de chantonner, elle reprend sa place de l'autre côté du poêle à mazout.

– Depuis quatre ans, elle ne vit plus avec nous. Elle vit à Strasbourg. Elle a un bon travail, elle est aide-maire, je crois qu'elle fait son travail quand le maire n'est pas là, *quoua* !

Un sourire de satisfaction mêlée de fierté apparaît sur son visage.

– Ah ! Shéhérazade ! s'exclame-t-elle en frappant sur la table avec le tranchant de la main. J'ai été dure avec elle. Sans arrêt je lui ai répété qu'il fallait bien qu'elle travaille à l'école. Le matin : « Travaille ! », le soir : « Travaille ! », tout le temps : « Travaille, tu as de la chance d'aller à l'école ! » Je ne voulais pas qu'elle connaisse toute ma misère, alors je lui racontais souvent comment, à 10 ans, j'ai commencé à travailler, en Algérie, chez une *colone*, comme bonne. Bonne à tout. Ma patronne me faisait tout faire dans la maison, de 7 heures le matin à 10 heures le soir, même le plancher je le faisais briller avec du cirage. Quand j'avais un petit moment, je faisais manger les poules, les canards et même les cochons. Oui, ma fille, oui, même les cochons ! Je ne gagnais pas deux francs, par jour ! Oui, ma fille. J'étais l'aînée et il y en avait six derrière moi. Et la *colone* était méchante, elle me tapait tout le temps avec sa canne, sauf quand elle allait à l'église.

A cet instant, Ahmed apporte un petit plateau où il a disposé un service à café constellé de fleurs roses et un grand napperon en plastique. Il dépose le tout sur la table, commence à remplir les tasses, puis repart vers la cuisine comme s'il se souvenait brusquement d'avoir oublié quelque chose et ramène en triomphe un paquet de madeleines.

– Ah, oui ma fille, poursuit Fatma, indifférente à ses allées et venues, on a eu beaucoup de misère. On vivait à huit dans une cabane où il n'y avait pas de toit, et quand il pleuvait, il pleuvait sur nous et il fallait éponger. Mon père avait attrapé une grave maladie, la *phoïde* je crois, et ma mère elle pleurait tout le temps. Et quand je lui demandais : « Yéma, pourquoi tu pleures ? » elle me répondait : « Pourquoi Dieu il nous envoie la misère ? Pourquoi on n'a jamais de café, de lait, de pain ? Pourquoi tu dois aller voler des choux dans les champs ? Pourquoi ? » Et moi, je ne répondais rien et j'épongeais la pluie et ses larmes.

Ahmed hoche la tête en soupirant et essaie, sans succès, d'ouvrir le paquet de madeleines qui résiste et qu'il finit par déchirer. Les madeleines se répandent sur le parquet, filent jusque sous la table pendant qu'il se précipite, à quatre pattes, pour les ramasser. Le visage rouge, les oreilles écarlates, il disparaît sans plus attendre et se manifeste, de loin, par des bruits de rangement de vaisselle.

– Alors lui, soupire Fatma en désignant l'autre côté du mur d'un mouvement méprisant du menton, lui, il ne l'a pas arrangée, la misère. Mes parents avaient organisé mon mariage depuis toujours. Et moi, je ne voulais pas me marier avec lui, il ne me plaisait pas, et en plus j'en aimais un autre en secret, un beau, un riche, un que j'avais inventé dans ma tête, avoue-t-elle sans baisser la voix, en arrangeant instinctivement le col de son corsage. Oh, mais il le sait très bien ! s'exclame-t-elle avec vivacité. Et Shéhérazade aussi le sait. Je lui ai dit que ce n'était pas un mariage d'amour. L'amour, il est venu après, il est venu obligé, avec les enfants. C'est pour ça que je lui ai dit, sans arrêt : « Shéhérazade, travaille bien à l'école. Travaille ! »

Les bruits de vaisselle ont complètement cessé du côté de la cuisine.

– Enfin, quand on s'est mariés, je te le dis et je te le redis, ça n'a pas fait partir la misère, et c'est pour ça qu'un jour, celui-là, dit-elle en direction du mur, il a décidé de me *déporter* en France. On a pris le bateau à Oran, le train à Marseille, et on arrive ici. Il faisait tellement noir dehors que je ne croyais plus revoir un jour le soleil. Et lui, je ne le voyais pas du matin au soir. Il faisait manœuvre, il ramassait du sable pour la machine de l'aciérie et il me laissait toute la journée dans une chambre pas plus grande que l'entrée de la maison, là, tu vois ?

Fatma pousse un gros soupir et serre sa tasse dans ses mains, comme si elle avait froid.

– C'était en 1957, j'étais *grossesse* de mon fils,

celui qui est devenu ingénieur, tu sais, celui qui est reparti à l'Algérie. On est restés comme ça, entassés à trois dans la petite chambre, toute une année. Après, on a vécu dans le wagon. Tu connais le wagon ? C'est le wagon du train, c'est la même chose mais il ne bouge jamais, il reste collé par terre sur des rails. A côté de nous, il y avait un autre wagon, avec des *Pologne.* Au début, on a eu du mal à se comprendre, parce que eux non plus ils ne parlaient pas le français. Alors, comme je pleurais toute la journée et que je m'ennuyais, je leur lavais le linge, et eux, en échange, ils me donnaient des vêtements, des chaussures de leur pays. Les vêtements ça allait, mais les chaussures, je ne pouvais pas les mettre, elles étaient toujours trop petites ou trop grandes. Pas de chance !

Un sourire résigné détend, peu à peu, son visage.

– Après, quand on a pu se parler un peu, ils me racontaient les histoires de leur pays, et moi celles de l'Algérie. Eux aussi ils ont eu de la misère ! Alors, ensemble, on pleurait. Et voilà qu'un jour, j'étais *grossesse* de mon deuxième, celui qui fait médecin à l'Algérie, c'était même le 19 mars 1959, on frappe à la porte du wagon. J'ouvre et je vois deux hommes que je ne connais pas et qui me disent : « Eh, Yamra ! Va appeler ton mari, dis-lui que c'est le F.L.N. » Lui, il avait entendu. Il tremblait, j'entendais même ses dents qui bougeaient dans sa bouche. Il est devenu blanc, comme ma chemise. Ils ont dit à celui-là, dit-elle, en désignant Ahmed qui vient d'apparaître près de la porte : « Toi, tu viens avec nous ! » Mais moi, j'ai répondu : « Si vous l'emmenez, vous me prenez aussi » et je suis allée chez les *Pologne* pour leur demander de s'occuper de mon fils si je ne revenais pas, et de prévenir la police. On est partis, à la nuit, jusqu'au petit lac. Ils ont menacé de tuer mon mari si on ne cotisait pas, et moi je leur ai dit qu'ils ne me faisaient pas peur, que je ne leur donnerais rien. J'ai sorti un petit couteau que j'avais caché dans mes poitrines. Quand ils ont vu le couteau, ils ont disparu en m'insultant.

Fatma soupire, en voyant toujours pâlir, des années après, la tête et les oreilles de son mari.

– Ils nous ont laissés repartir en disant que j'étais *marbouta*, et lui il est revenu caché derrière ma jupe. Deux jours après, le 21 mars 1959, le matin très tôt avant qu'il ne parte au travail, on frappe au wagon. C'était deux autres, que je ne connaissais pas non plus, mais c'était pas les mêmes. Ils me disent : « Eh, Yamra ! Va appeler ton mari. Dis-lui que c'est le M.N.A. » Et lui, il était encore plus blanc, il tremblait encore plus. Je les ai suivis, après avoir averti les *Pologne* encore une fois. Quand on est arrivés au petit bois, ils m'ont dit : « L'huile a augmenté, ce mois-ci. » J'ai répondu que je n'en avais rien à faire. Ils m'ont dit : « La ferme ! On ne parle pas avec les femmes ! » Mais à eux aussi je leur ai montré le petit couteau, et ils sont partis en me disant des insultes que je n'avais jamais entendues, que je ne peux même pas te répéter, conclut-elle, outrée. Eh oui, ma fille, je peux te le dire, deux fois je lui ai sauvé la vie, à celui-là. Deux fois !, insiste-t-elle en détachant deux doigts de sa main droite, qu'elle secoue avec conviction en direction de la porte.

Le bout des deux oreilles d'Ahmed s'est incliné, en signe d'acquiescement.

– Après, la vie a continué au Marais, comme on appelait l'endroit où il y avait les wagons. Il y a eu la naissance de Shéhérazade, puis deux autres filles, et la maison dans laquelle tu es, elle est venue juste après sa naissance, un peu grâce à l'assistante sociale de la mairie. Elle nous connaissait bien, parce que celui-là, après son travail aux aciéries, il allait chez elle faire le jardin. Et c'est pour ça qu'on a pu avoir les pommes de terre, une tonne chaque année. C'était du travail. Il fallait les nettoyer pour ne pas qu'elles pourrissent, et les ranger dehors, dans un petit débarras, à côté de la maison.

– Je te le montrerai quand tu repartiras, précise Ahmed, en essayant, en pure perte, de s'immiscer dans la conversation.

– Un jour, poursuit Fatma comme si elle ne l'avait pas entendu, j'ai demandé à l'assistante sociale de nous apprendre un peu à compter, à parler un peu mieux, à écrire, pour pouvoir aller aux réunions des parents d'élèves, pour aider nos enfants, pour qu'ils ne soient pas comme nous, comme des bêtes. Et j'ai commencé les cours de l'al-pha-bé-ti-sa-tion, s'écrie-t-elle en détachant chaque syllabe. Ah, c'était dur, très dur, c'était très difficile ! Mais, poursuit-elle en rougissant brusquement, c'était tellement mon rêve de savoir *lancer* les mots.

Songeuse, Fatma s'interrompt quelques secondes, le temps d'écouter les deux horloges qui annoncent : *J'ai du bon tabac...*, *Ding-Dong, Il est quatre heures !* Elle suit le rythme, en remuant la tête de gauche à droite.

– C'est pour ça qu'après j'ai cherché un travail, pour mes enfants, pour qu'ils n'aient pas honte de leur mère, et pour qu'ils puissent faire de bonnes études. Alors, comme celui-là était très jaloux, l'assistante sociale m'a fait remplir les papiers pour que je reste ici, à la maison, et que je garde des enfants.

– J'ai dit oui, surenchérit Ahmed de sa petite voix, parce que j'étais d'accord pour qu'elle garde des enfants à la maison, mais je ne savais pas que c'était un travail, ajoute-t-il, encore surpris. Fatma hausse les épaules, comme si cette affirmation n'avait, de toutes façons, plus aucune importance.

– C'est comme ça que j'ai pu aider les enfants

pour leurs études, et acheter tout ce que tu vois ici. Même la télé.

Fatma se lève et fait trois pas en direction d'un grand napperon qu'elle soulève pour dégager un écran de télé.

– Je faisais vite le ménage, la vaisselle, je m'occupais des enfants et, dès que j'avais un petit moment, je la regardais, s'exclame-t-elle en couvant l'écran d'un regard attendri. C'était beau ! J'aimais bien *Dallas*, avec toutes les belles robes et toutes leurs bêtises, et aussi *Columbo* parce que j'aime bien les crimes. Souvent j'écoute la radio. J'aime les chansons de Farid el-Atrache, tu sais celui qui chante la misère, et Romicar Macias, celui qui chante *J'ai quitté mon pays.*

– Enrico Macias, tu veux dire, lui dis-je en souriant.

– Oui, c'est ça ! Morico Macias, *quoua* ! Mais toi, tu sais le dire en français.

En deux enjambées, Fatma revient vers moi, son visage s'assombrit.

– Au début, je croyais que j'allais repartir en Algérie, quand il y a eu l'indépendance. En France, ce n'était pas mon pays. On était là pour travailler, mais on allait bientôt repartir. Et j'ai eu beaucoup de mal pour faire apprendre l'arabe aux enfants. Je ne trouvais pas de curé qui connaissait l'arabe ! Et puis, le temps a passé et mes deux fils, tu sais, le médecin et l'ingénieur, ils ont pris la nationalité algérienne. Ils vivent et ils travaillent là-bas, alors je vis moitié-moitié. Je vais les voir, un mois, deux mois, mais pas plus parce qu'ici il y a ma vie, ma maison, ma pension que je vais toucher bientôt. Et puis, il y a Shéhérazade qui est devenue aide-maire, ses deux sœurs qui font toujours leurs études.

– Oui, ponctue la petite voix d'Ahmed, un mois ou deux pas plus, parce que... Il s'interrompt brusquement au beau milieu de la phrase, les sourcils levés, la bouche entrouverte comme s'il ne pouvait plus continuer.

Je me suis levée pour prendre congé. Fatma, plus souriante et plus détendue, m'a embrassée en me faisant promettre d'aller les rejoindre, le samedi suivant à 11 heures, à la mairie de Strasbourg pour rencontrer Shéhérazade.

Samedi 11 heures, à Strasbourg. Je me retrouve dans la salle des mariages pleine à craquer. Les mariés se regardent, tout émus. Madame l'adjointe fait son entrée. Shéhérazade, droite, élégante dans son beau tailleur bleu marine, a ceint l'écharpe bleu-blanc-rouge et commence la cérémonie. Assis sur le côté de la salle, comme s'ils étaient des cousins éloignés du marié, Ahmed et Fatma suivent tous les mouvements de madame l'adjointe, écoutent chacun de ses mots, fascinés. Après l'échange des alliances et les signatures des témoins, la salle s'est vidée peu à peu. Fatma est restée assise, la tête droite, sur sa chaise, mais Ahmed s'est approché de madame l'adjointe, à petits pas comme s'il craignait de tomber ; doucement il a touché, d'une main tremblante, l'écharpe tricolore tandis que deux grosses larmes descendaient très lentement le long de ses joues.

Sans renier ses traditions, Fatma est arrivée, à force de courage, de volonté et d'espérance, à changer le cours du destin, à tordre le cou à la misère. Grâce à l'école, à laquelle elle croyait de toutes ses forces, ses enfants ont réussi à poursuivre des études couronnées de succès, au prix de son propre écartèlement entre le pays d'origine et la terre d'accueil.

Djamila
ou la terre du tombeau

Puteaux, au nord-ouest de Paris, dresse sa colline au-dessus de Nanterre et de Gennevilliers. Le regard se perd dans un océan de tours, de bâtiments, de rues, où toute verdure semble interdite. En sortant de la station du R.E.R. Préfecture, je trouve très rapidement la rue Marcelin-Berthelot. En revanche, parvenue devant le numéro, j'écarquille les yeux. Tous les immeubles se ressemblent. Comme il fait froid, j'accélère le pas, contourne un encombrement de poubelles et, par chance, le bâtiment semble être le bon. Il ne me reste plus qu'à grimper au deuxième étage, en serrant le col de mon manteau car les murs, recouverts jusqu'à mi-hauteur d'un carrelage blanc, et les marches de pierre grise ne sont pas particulièrement chaleureux. Frigorifiée, tapant du pied pour me réchauffer, j'attends un long moment avant que ne s'ouvre le battant. Djamila apparaît enfin, dans la pénombre, auréolée des effluves caractéristiques d'un poulet rôti. Bien qu'elle ait dépassé les soixante-dix printemps, elle semble avoir particulièrement soigné son apparence : robe orientale mauve aux longs plis soyeux et à l'encolure brodée de fils d'or, babouches brillantes dans les mêmes tons, le tout surmonté d'un assortiment de bijoux impressionnant – un collier à plusieurs rangs de louis d'or reliés par de multiples chaînes, des boucles d'oreilles dans le même style, une quantité de bracelets qui ondulent sur ses poignets, et de multiples bagues à chaque doigt. Apparemment satisfaite de ma réaction de surprise face à son étincelante apparition, Djamila me fait entrer et, sans manières, me serre dans ses bras, m'embrasse de bon cœur, et me débarrasse de mon manteau qu'elle garde à la main. « Viens t'installer, ma fille ! C'est tout au fond du couloir. »

Pour marcher, elle s'aide d'une canne qui résonne, à intervalles réguliers, sur le lino du parquet et me fait parcourir un couloir qui n'est qu'une enfilade de cartes postales et de photos de famille, punaisées à même le mur. La salle à manger-salon de l'appartement est un véritable capharnaüm : quatre petits canapés – deux recouverts de tentures orientales et les deux autres de tissus à fleurs – occupent chacun des murs ; dans l'un des angles, une petite table encombrée de photos dans des cadres de différents formats ; à un autre angle, un petit buffet vitré plein à ras bord de vaisselle en faïence, aux arabesques blanches et bleues, ou ornée de petites fleurs ; au centre de la pièce, une table et quelques chaises en bois clair, ainsi qu'un fauteuil crapaud recouvert d'un tissu fleuri et volanté. Des doubles rideaux pesants, assortis aux tissus des canapés, et un peu partout des horloges, des réveils, pendus aux murs ou posés sur les meubles.

Après avoir posé mon manteau sur une des chaises, Djamila m'invite, d'un « Choisis, ma fille ! » bienveillant, à prendre place sur un canapé. Elle saisit une photo sur la petite table, pose sa canne sur l'accoudoir du fauteuil, s'installe en bougeant les épaules afin de mieux caler tout son corps et prend la pose, souriante, rutilante. Elle a dû être très belle : une raie sépare au milieu ses cheveux où se perdent de nombreux fils d'argent ; elle a de beaux yeux noirs, un petit nez, une jolie bouche. Une grâce et un charme s'en dégagent, comme en défi aux ravages du temps. D'un mouvement charmant, qui fait vibrer les multiples bracelets, elle me tend la photo.

– Je t'ai préparé à manger. J'ai fait cuire le poulet, il me reste à faire les frites. Je suis sûre que tu aimes ça ! Mais avant, je veux te montrer ma photo, celle d'avant que je vienne ici, en France.

Sur la photo jaunie, aux coins abîmés, je reconnais le visage, mais encadré de deux longues tresses qui lui donnent l'air d'une Indienne.

– J'avais 11 ans ! C'est juste au moment de mon mariage. J'étais maigre à l'époque. A ce moment-là, les parents mariaient leurs filles très jeunes. J'ai entendu mon père dire à ma belle-mère que mon mari devrait attendre que j'aie 13 ans. Enfin, pfff... ! Tu comprends ce que ça veut dire.

Ses joues sont devenues toutes roses, une lueur malicieuse brille au fond de ses yeux.

– Six mois après mon mariage, j'étais en train de laver le sol de la cour lorsque mon mari est arrivé. Il m'a regardée avec des yeux bizarres, que je n'avais pas encore vus. J'ai eu peur et je suis allée me cacher sous le lit. Il a couru derrière moi, il m'a tirée par les pieds, m'a jetée sur le lit et a déchiré ma jupe, ma culotte. Il s'est jeté sur moi et...

Djamila ferme les yeux, sa respiration se fait pesante comme si elle manquait d'air. Elle tousse un peu et pose la main sur sa poitrine.

– Des fois, ça fait mal quand je respire. Elle tapote plusieurs fois l'endroit pour me montrer, puis pousse un long soupir et poursuit.

– Alors, j'ai eu mal, j'ai vu le sang et je me suis mise à crier. Ma belle-mère est entrée dans la chambre, elle a tout de suite vu le sang et elle est sortie en poussant les youyous, pour alerter les voisins.

Djamila s'interrompt pendant quelques secondes, puis ajoute abruptement : Il m'avait cassé la marmite ! Ses yeux fixent intensément la photo, comme si elle n'osait pas me regarder.

– Un peu plus tard, reprend-elle, à 16 ans, j'ai eu ma fille. C'est à ce moment-là que mon mari est venu en France pour trouver du travail. Quand il est revenu, deux ans après, pour les vacances, j'ai été enceinte de mon fils. Ensuite, pendant vingt-trois ans, je suis restée dans sa famille. Il venait un mois, chaque année, aux vacances, mais je ne sais pas pourquoi il était de plus en plus énervé. Il a même commencé à me frapper ! C'est comme ça qu'une nuit (ma fille avait 8 ans) elle m'a entendue crier. Quand elle est entrée dans la chambre, elle a vu le sang sur mon visage. Elle est tombée. Morte ! D'un coup !

Lentement, au bord des paupières de grosses larmes se forment, puis glissent sur ses joues.

– Oui, d'un coup ! C'est comme ça, mon destin !

Djamila respire bruyamment plusieurs fois, penche sa tête sur son épaule, ferme les paupières. Ses mains aux veines saillantes se crispent sur son corsage.

Brusquement un concert de sonneries émanant des multiples réveils et pendules me fait bondir. Elle éclate de rire. « C'est l'heure, ma fille ! C'est l'heure de manger ! » Elle s'extirpe péniblement du fauteuil, saisit sa canne et disparaît dans la cuisine en refusant obstinément mon aide. Peu après, les crépitements de l'huile annoncent les frites. Djamila installe sur la table une assiette, les couverts, un grand verre et une carafe d'eau. Chaque aller-retour est ponctué par le bruit sec de la canne sur le lino. Triomphalement, elle apporte un beau poulet, appétissant, bien grillé, et des frites. « Des vraies », précise-t-elle. Épuisée mais ravie, Djamila s'assied en face de moi et me regarde, attendrie, avaler la première frite, suivie d'un morceau de blanc de poulet.

– Un jour, au bout de vingt-trois longues années passées avec sa famille, mon mari m'a fait écrire que je vienne le rejoindre avec mon fils. Il m'a envoyé un mandat de quatre mille francs pour que j'attrape l'avion. J'ai quitté mes parents, mon village où je connaissais tout le monde, où tout le monde me connaissait, et j'ai trouvé mon mari à l'Orly. Il m'attendait. Quand je suis arrivée, il m'a enlevé le foulard et le petit voile, tu sais, comme on mettait en Algérie avant. Il m'a dit qu'en France, c'était interdit.

Elle me tend à nouveau sa photo, comme pour me prendre à témoin.

– Regarde la longueur de mes cheveux ! Ils me tombaient jusqu'à la fesse quand je les défaisais, le soir. On a pris le taxi, mais moi j'ai mis les mains sur ma tête pour cacher mes cheveux ! Je ne regardais même pas dehors, tellement j'avais honte.

Elle cache sa tête dans ses mains et le mouvement fait scintiller les louis d'or accrochés en grappe autour de son cou.

– Et puis, voilà que le taxi a stoppé. Mon mari m'a dit : « Ça y est, on est à *Péteaux.* » Je regarde et je vois qu'on est arrivés devant un garage. Il y a beaucoup d'autres taxis. On descend, mon mari m'emmène au fond du garage et me montre une pièce, même pas la moitié de celle-là, sale, noire, sans fenêtre, avec des casiers qui ferment à clé. Ça sentait l'essence et il y avait un matelas par terre avec une couverture pleine de graisse. A côté du matelas, sa valise, deux ou trois caisses, et, posés dessus, une gamelle, une tasse ébréchée et deux verres sales.

Djamila pousse un grand soupir et hoche la tête en signe d'incrédulité.

– J'ai compris ce que faisait mon mari. Il gardait le garage de taxis. La nuit et le jour. Il dormait dans la petite pièce, là où les chauffeurs mettaient leurs affaires.

Elle se lève en constatant que j'ai fini mon assiette, retourne dans la cuisine, revient avec le plateau où elle a installé le service à thé, verse le liquide brûlant dans une petite tasse à fleurs. Une expression de profonde amertume flotte sur son visage.

– Comme mon fils avait déjà 20 ans, mon mari lui a demandé de l'aider. A 8 heures du matin, ils sont revenus, fatigués, pour dormir. Et moi, j'ai dû sortir pour leur laisser la place. C'est là que j'ai commencé à réaliser. Qu'est-ce que j'allais faire, toute la journée, dans un garage ? Alors, je me suis assise dans un coin, sur une caisse, et je me suis mise à pleurer. C'était ça, la France ! C'était pour ça que j'avais laissé ma famille, mon pays ! Comment allais-je faire à manger ? Il n'y avait même pas de cuisine. J'ai pleuré plus fort, mais après j'ai eu une idée. J'avais vu un petit réchaud dans la pièce où dormait mon mari. Quand il s'est réveillé, j'ai pris le réchaud et j'ai fait une installation, dans la cour, à côté du garage, avec des morceaux de planches.

Un sourire satisfait éclaire le regard de Djamila. Elle retourne s'asseoir dans son fauteuil.

– Comme je pouvais préparer le manger pour mon mari et pour mon fils, je me suis sentie mieux. Le lendemain, j'ai mis une serviette sur mes cheveux et je suis allée dans la rue. J'ai vu des femmes, des hommes, des magasins... Je suis vite revenue, et la nuit je n'ai pas dormi. Je me suis dit que j'allais continuer à marcher, aller un peu plus loin. Le lendemain donc, j'ai tourné au coin de la rue du garage et j'ai vu comment était *Péteaux*. J'ai surtout vu beaucoup de femmes qui marchaient dans la rue en laissant leurs cheveux *naturels.* J'ai pris confiance. La nuit suivante, je me suis dit que j'irais encore plus loin, jusqu'à Paris.

Djamila, à nouveau toute rose, joue avec sa canne et prend une pose calculée, en vieille actrice racontant ses débuts. Elle ménage ses effets.

– Le lendemain, j'ai fait la tresse pour mes cheveux, j'ai tourné au coin de la rue du garage, j'ai beaucoup marché et je suis arrivée au métro.

Son visage a pris une expression d'extase, comme les yeux d'un enfant devant le sapin de Noël.

– Je suis descendue et j'ai demandé : « Combien, pour les Champs-Élysées ? » J'avais entendu les chauffeurs dire qu'il y avait beaucoup de monde, là-bas. Je me sentais si bien, j'avais tellement confiance que j'ai donné mon portemonnaie à la dame, très gentille, qui a compté les sous et m'a dit : « Quatre arrêts. » Comme je ne sais pas lire, j'ai compté et c'est comme ça que je suis arrivée aux Champs-Élysées. Comme c'était grand, ma fille ! Comme c'était grand ! Je suis restée toute la journée à regarder tellement de belles choses que mes yeux me faisaient mal. Le deuxième jour, j'ai osé entrer dans un bar. J'ai commandé un petit café. Le garçon, très gentil, est venu me servir. Et c'est comme ça que j'ai appris à bien parler le français. Toute seule. Chaque jour, je suis retournée et j'ai fait un autre endroit. J'ai fait le jardin, là où il y a tigres, singes, etc. Je ne sais plus le nom, mais il faut compter vingt arrêts pour y arriver. Celui que j'aime le plus, c'est le *Sacré-Mon-Cœur.* Je compte treize arrêts. J'aime bien entrer dans l'église. Elle ressemble à la mosquée. Je n'ai plus peur, je commence à connaître la France. Ça me plaît bien, ça me plaît de plus en plus d'être ici. Bien sûr, je rentrais toujours à l'heure, à 4 heures l'après-midi. Mon mari et mon fils se réveillaient et je les faisais manger. Chaque jour, à 6 heures du matin, je faisais le ragoût pour le soir. Mais je ne leur ai jamais raconté ma journée. Sauf qu'un jour, comme je me sentais sûre de moi, j'ai trouvé le courage de parler à mon mari. Je lui ai dit que je ne voulais plus habiter dans le garage et qu'il devait m'autoriser à trouver un travail. Je suis allée à la mairie de *Péteaux*, et là on m'a donné à faire la cuisine et le ménage dans les écoles, chez les vieux... C'est comme ça que j'ai eu cette *partment* et que j'ai acheté mes bijoux.

Djamila se penche vers moi en souriant, d'un air victorieux. Elle pose la canne sur l'accoudoir du fauteuil, fait tinter collier, bracelets et bagues.

– Même quand je travaille, je garde mes bijoux ! Et quand je me penche pour servir, j'aime bien le bruit du collier qui tape contre les assiettes.

Elle éclate de rire, comme une enfant qui aime faire des blagues, et observe le décor de la pièce.

– Avec mon salaire, j'ai pu aussi acheter ces beaux meubles que tu vois, et la belle vaisselle, et les beaux réveils, et toutes les pendules.

Son regard s'arrête sur les photos qu'elle ne m'a pas montrées et la tristesse vient à nouveau ternir ses yeux.

– Il y a dix ans, soupire-t-elle, j'ai perdu mon mari, de la maladie. Et la même année, c'est l'accident de voiture qui a tué mon fils. Alors, j'ai ramené leurs corps en Algérie. Et c'est là que je me suis souvenue que, quand j'étais plus jeune, il y avait au village une matrone qui avait demandé à ma mère de me faire, sur la figure, un tatouage pour le mauvais sort. J'avais refusé de laisser marquer mon visage. C'est peut-être pour ça que j'ai perdu mes enfants.

Sa respiration devient sifflante, mais courageusement Djamila se redresse en s'appuyant de tout son corps sur la canne.

– Depuis cinq ans, j'ai pris des cours, pour passer le permis. Mon mari m'a laissé la voiture, j'ai même l'assurance, mais il faut le permis. C'est difficile, il faut comprendre, il faut apprendre. Je ne sais pas lire et, des fois, je ne garde pas tout dans ma tête. Mais je sais que je vais réussir. La voiture, c'est encore plus la liberté. Je vais pouvoir aller à la mer et même emmener ma belle-fille et mes petits-enfants à la montagne. C'est ça que j'aime en France. Quand je suis en Algérie, tu ne peux pas savoir comme ça me manque, la liberté ! Au bout d'une semaine, je veux revenir à *Péteaux*. J'aime *Péteaux*. C'est ici que je veux mourir. Je ne veux pas être enterrée en Algérie. J'ai expliqué tout ça à monsieur Daniel, le maire-adjoint. Il est très gentil avec moi, il a tout préparé.

Son visage est empreint d'une détermination farouche. De nouveau, le concert strident des sonneries métalliques souligne, intempestivement, le moment de prendre congé. Djamila me serre sur son cœur, sans lâcher sa canne. Elle me fait promettre de revenir, après les vacances, dès son retour d'Algérie, afin de fêter l'obtention, indiscutable, du permis de conduire.

Lorsque j'ai téléphoné à *Péteaux* pour prendre des nouvelles de Djamila et connaître les résultats du permis, au bout de la cinquième sonnerie une voix jeune, celle de sa belle-fille, m'a répondu : « Mon Dieu ! Il y a deux semaines qu'elle est morte. On l'a enterrée là-bas, dans son village. » Elle était convaincue d'avoir scrupuleusement respecté les dernières volontés de la défunte. En reposant le combiné, bouleversée, j'ai pensé que le *mektoub*, qui avait permis à Djamila de parcourir, à petits pas, les chemins de la liberté, ne lui avait pas autorisé la réalisation de ce profond désir d'être ensevelie sous cette terre de France qu'elle avait appris à aimer plus fort que son pays natal.

Les enfants

Venus en bas âge dans le cadre du regroupement familial ou nés en France, les enfants d'immigrés maghrébins vont subir de plein fouet, comme leurs parents, les contradictions de la politique qui leur est appliquée. « L'expression "deuxième génération d'immigration" est quelque chose qui n'existait pas, on croyait en effet qu'ils allaient repartir, explique François Lefort, prêtre et médecin, qui fut chargé de mission en 1982 auprès de Georgina Dufoix pour la résorption des bidonvilles. Je sentais qu'on avait créé une bombe à retardement, c'est-à-dire qu'on ne se rendait pas compte que les problèmes étaient posés : les enfants étaient très mal scolarisés et on fabriquait donc des délinquants. Les enfants d'immigrés n'existaient pas. Si on avait voulu regarder, on aurait vu cette jeunesse. Les enseignants la voyaient à l'école, mais la société française n'en avait pas encore pris conscience, ne réalisait pas qu'une transformation du peuplement de la France était en train de se faire. »

En 1976, deux ans après la venue des mères, l'intention des responsables politiques est de renverser le courant de l'immigration, et particulièrement de l'immigration algérienne. Les projets de lois Barre-Bonnet-Stoléru visent à ne pas renouveler les certificats de résidence des travailleurs algériens et à encourager, par le biais d'accords d'État à État, leur départ, d'abord sur la base du volontariat puis de manière plus pressante. Jean François-Poncet, à l'époque ministre des Affaires étrangères, souligne que « l'aide au retour volontaire a fait partie de la politique mise en œuvre avec le gouvernement algérien. Nous avons demandé au gouvernement algérien de se prêter à une politique de retour d'un certain nombre d'Algériens dans leur pays. Quant aux enfants nés sur le sol français, on n'est pas entrés dans ce type de détails ».

Dans les entreprises où la proportion de travailleurs immigrés maghrébins est forte, sont installés des bureaux de « mobilité » pour encourager les départs, en faisant souvent valoir des possibilités de réinsertion et de logement dans le pays d'origine qui étaient complètement fallacieuses. François Autain, qui devint en 1981, après l'élection de François Mitterrand à la présidence de la République, secrétaire d'État chargé des immigrés, se souvient : « J'ai été obligé de constater que la politique du retour se soldait par un échec total puisque ceux qui en ont profité étaient précisément ceux qui n'en avaient pas besoin, les Portugais, les Espagnols, ceux qu'on aurait souhaité voir rester. Les mesures s'adressaient manifestement aux Maghrébins, or la plupart d'entre eux n'en ont pas profité. Voilà pourquoi j'ai supprimé cette aide au retour. »

Ce premier échec en couvrait d'autres. Élevés dans le provisoire des cités de transit, les Maghrébins sont renvoyés à cet habitat dévalorisant. Le prêtre François Lefort raconte : « A l'époque, j'étais allé voir François Autain en lui demandant : "Quelle est la personne dans votre ministère qui s'intéresse aux bidonvilles, aux cités de transit et aux jeunes émigrés de la deuxième génération ?" Il m'a répondu : "Personne." »

En théorie, comme le rappelle Jean-Pierre Perthus, du G.I.P., « l'idée était de loger les familles dans ces cités pour leur apprendre à ne pas casser, à ne pas faire trop de bruit, à ne pas jeter les eaux sales devant la porte et pour que leurs enfants acquièrent de la discipline. Pour cela il y avait des gestionnaires, genre anciens sergents-chefs qui connaissaient l'indigène. Ils étaient chargés de faire régner la discipline dans la cité. Lorsque les enfants voyaient que leur père était quelquefois tabassé, traité de moins que rien, comme une bête, non seulement par le gestionnaire de la cité mais aussi par le flic du coin, nous en avons connu beaucoup qui, entre 17 et 20 ans, se révoltaient. Ils disaient que leur père avait perdu sa dignité et qu'ils voulaient le venger. »

François Lefort poursuit : « Quand on a construit la cité de transit André-Doucet, on disait : "Il y en a pour deux ans..." Vingt ans après, les mêmes familles avec deux, cinq, six enfants de plus, vivaient toujours là. Quelquefois certains s'étaient mariés mais résidaient toujours au même endroit. Il y avait 100 % d'immigrés dans la cité André-Doucet. C'était devenu un ghetto et un ferment de racisme. »

Pendant la même période la crise économique s'amplifie avec son cortège de chômage, de délinquance, de drogue... Une partie de l'opinion commence à rendre les immigrés responsables, sans réaliser que ces jeunes, nés en France, ne sont ni des étrangers ni des immigrés, et qu'ils constituent peu à peu une nouvelle composante de la société française. Cet état de fait n'empêche pas les responsables politiques de pratiquer l'expulsion systématique en exploitant le fait que les enfants nés en France possèdent une carte de résident et un passeport algérien et peuvent donc être reconduits aux frontières. L'extrême dureté des relations avec la police fait de l'expulsion la solution la plus rapide et la plus efficace. François

Lefort témoigne : « J'ai vu beaucoup de suicides de jeunes, d'autres sont morts en essayant de monter dans des bateaux qui repartaient vers la France. Coincés dans des containers, on en a retrouvé certains complètement desséchés. Ils ne connaissent plus l'arabe et ne peuvent se réadapter au pays d'origine. Le retour forcé a été catastrophique. »

Rejetés à l'extérieur, les enfants sont confinés à l'intérieur des familles. Les mères leur inculquent l'idée fixe du retour. L'arrivée de la gauche au pouvoir, en 1981, a entretenu un instant l'illusion d'une meilleure acceptation au sein de la société française. Ils souhaitent dire : « Nous sommes là, prenez-en acte ! Faites-nous une place. » Le nouveau pouvoir politique accomplit quelques gestes symboliques. « Lorsqu'il est allé soutenir de jeunes immigrés en grève de la faim à Lyon pour s'opposer à leur expulsion, François Mitterrand, de façon impromptue, a décidé une régularisation s'il était élu, raconte François Autain. J'étais assez inquiet car, à l'époque, Lionel Stoléru, en raison d'une autre grève de la faim, à Paris, s'était lancé dans une régularisation. Au départ, ils étaient dix et ça s'est terminé par trois cents. Je craignais que nous ne soyons dépassés par la demande. »

En 1983, un acte de violence commis par la police sur un jeune Beur de la cité des Minguettes, Toumi Djadja, la défenestration d'un autre Beur dans le Bordeaux-Vintimille sont à l'origine d'une grève de la faim du père Delorme, le curé des Minguettes, réclamant la concrétisation des propositions du candidat François Mitterrand devenu chef de l'État. Une démonstration pacifique, appelée « marche des Beurs », a pour but d'obtenir une prise de conscience de la société française. En opposition au discours de leurs parents qui se résumait à « Travaille et tais-toi ! », les enfants se montrent et s'expriment. Ils marcheront de Marseille à Paris en décembre 1983. Le père Delorme évoque avec émotion cet épisode : « Avec la marche, il y a eu la conscience que ces jeunes Beurs, nés ici, qui ont grandi ici, sont vraiment des jeunes de France. Ce ne sont pas de jeunes étrangers, ce ne sont pas des immigrés, ils font désormais partie du tissu de la population française. »

Les enfants de l'immigration obtiennent la carte de résident : dix ans au lieu de cinq, et le droit d'association qui leur était jusqu'alors interdit à moins d'être coopté par un Français de souche. François Autain récapitule : « Nous avons immédiatement interdit les expulsions des enfants nés en France, ou qui étaient arrivés à l'âge de dix ans. Nous avons attribué le droit d'association aux immigrés, et nous avons réformé de façon importante les lois sur le séjour et l'expulsion des immigrés. » L'ancien ministre socialiste de l'Intérieur, Pierre Joxe, ajoute : « Il y a eu une période, dans les années 75-80, où les enfants de la deuxième génération avaient tout contre eux : le retournement de la situation économique, le chômage, la crise, et des forces réactionnaires dominantes sur la défensive, tendant à faire de l'étranger, de l'immigré, un bouc émissaire. Dans les années 80, il y avait des jeunes d'origine maghrébine qui étaient français mais qui ne pouvaient pas le prouver parce que la bureaucratie, française ou algérienne, c'est compliqué. On les traitait d'immigrés, de clandestins. Après avoir été reçus à l'Élysée, les représentants de la marche des Beurs ont obtenu une amélioration de leur situation juridique, psychologique et sociologique. »

En 1988-1989, l'affaire du foulard islamique dans les établissements scolaires accentue le fossé entre les Maghrébins et une société qui les perçoit déjà comme des citoyens douteux. Certains jeunes pensent trouver dans l'islam les réponses aux questions que ni leurs parents, ni la société ne résolvent. En quête d'identité et de reconnaissance, ils se définissent avant tout comme musulmans. D'autres, n'ayant pu trouver un équilibre ni social, ni psychologique, victimes de l'échec scolaire, sont happés par le chômage. Cette inactivité les entraîne inexorablement vers la délinquance, la drogue. Si la majorité reste attachée aux valeurs de la république, beaucoup doutent à présent de trouver leur place au sein de la société française. Ce qui ne les empêche pas de se battre et de parvenir, à force de courage et de ténacité, au plus haut niveau possible de la réussite sociale.

Farid
ou la cité de transit

A quelques kilomètres des Champs-Élysées et de la place de l'Étoile, le paysage qui s'offre du côté de la préfecture de Nanterre n'est guère réjouissant : un labyrinthe inextricable de routes, de voies rapides, de cités, de rails de chemin de fer, et un chantier béant, gigantesque, celui de l'autoroute A14. La grisaille du jour ne fait qu'accroître celle des constructions pétries dans le béton. Armée de mon plan, fil d'Ariane des temps modernes, je me dirige, à proximité du pont de chemin de fer, vers l'endroit où Farid m'a donné rendez-vous. J'ai garé la voiture et j'avance, à pied, en évitant les flaques. Un concert de moteurs, klaxons et marteaux-piqueurs m'accompagne. J'aperçois Farid, immobile près du pont. Sans veste, juste vêtu d'un gilet noir qui rehausse sa chemise blanche, il contemple fixement un groupe de bâtiments, étranges sentinelles de l'autre côté du pont de chemin de fer. Quand il me voit, il me lance un coup d'œil rapide et me serre la main en se présentant, l'air plutôt gêné. A peine la trentaine, les cheveux coupés très court, presque tondus, un visage aux traits volontaires. Ses yeux noirs, brillants, aux arcades sourcilières fortement creusées, s'incrustent un instant dans les miens, avant de se détourner pour fixer une arcade du pont.

– Voici l'endroit où je suis né, il n'y a pas tout à fait trente ans. – Il désigne une zone de terre où poussent quelques herbes rares. – Là, tout près du pont, se trouvait la cité André-Doucet.

Il s'interrompt quelques instants et me regarde, comme pour vérifier ce que le nom de cette cité peut évoquer.

– Ce que j'ai appris, bien longtemps après ma naissance, c'est que les autorités ne souhaitaient pas laisser les baraques du bidonville à côté de la préfecture. C'est pour ça qu'ils ont fait construire, à la hâte, une cité de transit. Elle était prévue pour durer six mois, en attendant d'être logés en H.L.M. J'y suis resté dix-huit ans ! Regarde les baraques du chantier, c'était la cité de transit : des murs en carton ou en plastique, si fragiles que lorsqu'il y avait de l'orage la maison tremblait. Nous y avons vécu à dix, mes parents et mes sept frères et sœurs, avec des coupures d'eau et d'électricité permanentes, à cause de l'usine. En face, de l'autre côté du pont de chemin de fer, le paradis qui nous attendait, la terre promise où vivaient mes camarades de classe, les Français de souche, le fameux H.L.M. Ah, j'en ai rêvé de ce H.L.M. ! Pendant dix-huit ans, j'ai admiré les fenêtres illuminées. J'étais fasciné. Pendant dix-huit ans j'ai vécu en transit, et cette permanence du provisoire est restée à jamais gravée dans ma tête, à tel point que je ne sais pas vraiment ce que signifie « s'installer ».

Le hennissement métallique d'un train qui passe sur le pont, au-dessus de nos têtes, déchire le silence et me fait sursauter.

– Ça, c'est le 16 h 34. Voyant que je ne peux m'empêcher de regarder ma montre, il vérifie et s'écrie, triomphant : J'ai gagné ! Puis il ajoute, en souriant avec modestie : Je n'ai aucun mérite, j'ai entendu les trains passer tous les quarts d'heure, dans les deux sens, pendant dix-huit ans. Alors forcément...

Farid se baisse et ramasse une poignée de terre qu'il laisse lentement glisser entre ses doigts.

– Quand j'étais petit, je devais avoir 8 ou 9 ans, avant d'aller à l'école je n'arrivais jamais à me décrotter complètement. Pour justifier cette terre, je m'étais inventé une maison avec un grand jardin. Un jour, l'instituteur nous a avertis qu'il y aurait une projection dans la classe. Nous avons poussé des cris de joie. C'était tellement rare ! Nous avons vite rangé nos affaires, on a fermé les rideaux et dans la demi-obscurité le générique est apparu sur l'écran. J'étais tremblant d'émotion. Soudain, je vois des cabanes en planches, des enfants sales, des ordures, de la boue, des carcasses de voitures, des mouches... Un vrai cauchemar ! J'étais sûr qu'on allait me reconnaître. Déjà, je commençais à disparaître sous ma table, mort de trouille et de honte, quand j'entends la voix du commentateur dire que ça se passe en Amérique du Sud, que ça s'appelle le « tiers-monde ». Il manquait quand même deux choses au tiers-monde du film pour qu'il ressemble vraiment à la cité : les barbelés et les flics ! Les barbelés m'ont toujours donné l'impression d'être dans une sorte de prison, surtout avec les panneaux « Défense d'entrer », « Silence », accrochés à l'unique entrée de la cité. Les flics surveillaient cette entrée de jour comme de nuit. Dès que l'un d'entre eux me voyait parler à un petit camarade de classe, français de souche, il fonçait sur lui, menaçant, et lui disait : « Si ton père apprend que tu parles à un Arabe de la cité, qu'est-ce que tu vas prendre ! » Je me demande ce qu'ils pouvaient surveiller avec tant de haine, les flics de la brigade spéciale ! Tout ce que je sais, c'est que moi, à chaque fois que je voyais un uniforme, même celui du facteur, j'avais la peur au ventre.

Cet aveu fait brutalement vieillir son visage, tandis que ses yeux paraissent plus brillants.

– Dès que je repense à mon enfance, ce que je revois de mon père c'est qu'il partait la nuit, qu'il revenait la nuit, et que le seul moment où je pouvais profiter un peu de sa présence c'était le dimanche. Je ne savais pas ce qu'il faisait comme travail, mais il était fier d'avoir participé à la construction de l'A1, ou de la B3, comme il le disait quelquefois. S'il était encore vivant aujourd'hui, je suis sûr qu'il serait content d'être là, sur le chantier de l'A14.

Un petit sourire attendri éclaire ses yeux noirs.

– Pour lui, la réussite se mesurait avec un beau costume, un pli bien marqué sur le pantalon, une cravate de couleur, des chaussures brillantes. Un jour, je devais avoir 15 ans, j'avais mis un an à économiser, sou par sou, l'argent nécessaire pour acheter un Levi's. Il avait fallu en chercher et en vendre, des bouteilles consignées et des morceaux de cuivre, pour réunir les cent cinquante francs. Ce Levi's, j'en avais rêvé, je me voyais l'acheter, l'enfiler délicatement et l'exhiber devant mes copains de la cité, époustouflés. Le grand jour est arrivé. Tout s'est passé comme dans mon rêve. Le dimanche, au moment où j'allais sortir, mon père qui ne me regardait jamais m'arrête : « Qu'est-ce que c'est que ça ? C'est quoi ça, avec ces étiquettes devant et derrière ? C'est ça qu'on t'a appris à l'école ? C'est avec ça que tu veux faire le Français ? Il s'est bien moqué de toi, le vendeur. Viens ici ! Reste là. » Et mon père, en hochant la tête, furieux et humilié à la fois, a pris les ciseaux et a découpé tout ce qui faisait la valeur de mon jean : les étiquettes qu'il croyait être, ne sachant pas les lire, la marque d'infamie de ma stupidité. Je suis sorti avec un jean anonyme et je n'ai jamais pu faire avaler à mes potes que je portais un vrai Levi's.

Comme s'il avait froid, Farid descend sur ses poignets les manches relevées de sa chemise.

– Quant à ma mère, quand elle est venue rejoindre mon père, elle ne parlait pas un mot de français. Elle s'est retrouvée au bidonville, puis dans la cité de transit, flanquée d'une dizaine d'enfants dans une seule pièce. Elle enlevait la boue qu'on ramenait du dehors, faisait à manger pour douze, avec les provisions que lui ramenait mon père, mais qui suffisaient à peine pour deux. Je crois que ça a *dijoncté* dans sa tête. Je l'entendais souvent se parler, toute seule. Heureusement, tout au long de ces semaines identiques, où les jours se succédaient sans événement, sans signe particulier, le premier mercredi du mois il y avait *la* sortie. Je l'emmenais à la mairie de Nanterre. Ce jour-là, elle sortait de la valise le beau foulard vert et orange qu'elle avait mis sur le bateau, sa jupe bleu marine, toujours la même, comme sa veste à carreaux de toutes les couleurs. Elle avait les mains pleines de henné.

Il rougit, baisse la tête et finit par avouer :

– J'avais tellement peur qu'on me voie en sa compagnie, que je lui disais : « Yéma, on va faire un jeu ! Moi, je marche sur ce trottoir, et toi sur celui d'en face ! Le premier qui arrive à la mairie a gagné. » J'ai honte de le dire aujourd'hui, mais elle y croyait. Ça la faisait sourire. Arrivés devant la mairie, elle mettait ses chaussures boueuses dans le panier à légumes qu'elle avait emporté, sortait ses savates, et clac-clac, on allait jusqu'au bureau demander où en était le dossier pour l'obtention du H.L.M. Et chaque fois, la réponse tombait, identique : « Dossier en attente... Quota dépassé... » Alors, clac-clac, nous repartions jusqu'au mois suivant. Le dossier a mis dix-sept ans et six mois pour rattraper le quota !

Cette fatalité accablante le fait réfléchir un bref instant. Son visage s'assombrit.

– Pendant toutes ces années, j'ai passé mon temps à regarder les H.L.M., en face, de l'autre côté du pont. Un jour, au moment de Noël, j'ai demandé à mon père d'acheter un sapin, avec les boules et les guirlandes, comme ceux que je voyais apparaître aux fenêtres des H.L.M. Il m'a dit : « Mais tu veux devenir un Français, ou quoi ? Ça te suffit pas, le mouton ? Madame Colette, la femme du gardien, tu crois qu'elle demande un mouton, pour Noël ? »

Il s'interrompt, laisse passer un train et soupire.

– Le gardien de la cité était pied-noir. Il passait son temps à répéter qu'il avait perdu son pays, l'Algérie, en me regardant comme si c'était de ma faute. Chaque fois qu'il me rencontrait, il me disait : « Eh, Mohamed ! T'as pas connu l'Algérie à mon époque. C'était un peu plus beau que la France. Ma parole d'honneur ! Comment vous l'avez rendu, ce pays, avec vos habitudes de sauvages. La purée de vous autres ! » L'air dégoûté, il débitait une bordée d'injures, en arabe, toujours les mêmes, et reprenait : « Alors, tu sais, Mohamed, rappelle-toi bien de ce que je te dis. Quand tu seras dans le H.L.M., il ne faudra pas faire comme avec l'Algérie. Faudra pas mettre le mouton dans la baignoire, ni mettre l'huile d'olive dans les *vécé.* »

Son imitation le fait d'abord sourire, puis le sourire se fige.

– Quand il rencontrait ma mère, il lui disait : « Eh, la fatma ! Où tu vas, la fatma ? Tu rentres au gourbi, la fatma ? » En rigolant, il esquissait une danse du ventre. Ma mère répondait, déférente, en me regardant : « Tu dois bien écouter monsieur Roger. Il te donne de bons conseils, monsieur Roger. C'est le chef du village, monsieur Roger. »

En marchant, nous sommes arrivés près de la voiture. Comme il commence à faire vraiment froid, je propose à Farid de monter et de le raccompagner. Mal à l'aise, après avoir longuement refusé, il finit par accepter, s'assoit timidement à mes côtés en se ratatinant sur le siège. Il m'indique le chemin pour contourner la voie ferrée.

– L'ascenseur, la baignoire ! Il en avait de bonnes ! Je me souviens que quand il fallait se laver, avec mes potes de la cité André-Doucet, comme la piscine était trop chère pour nous, nous allions squatter, de temps en temps, les douches du foyer des célibataires maghrébins de la Sonacotra. C'était drôle ces hommes qui vivaient entre eux, seuls, sans enfants, sans femmes. C'est sûrement pour ça que, quand on s'était fait repérer, il fallait courir vite. Je me souviens qu'ils regardaient bizarrement nos culs à l'air.

Farid me fait signe d'arrêter le moteur. Nous sommes de l'autre côté du pont, devant l'entrée d'une cité qui étale pesamment les carcasses grises de ses bâtiments percés de fenêtres.

– Quand l'été arrivait, pour les colonies de vacances le quota était aussi dépassé ! Heureusement, il y a eu des éducateurs assez courageux, des prêtres, qui osaient entrer dans la cité et faire des colonies « sauvages ». C'est sûr qu'on était peinards. On ne risquait pas de rencontrer les populations locales. Même pour le ravitaillement, il fallait se cacher. Mais le jour de mes 18 ans, j'ai enfin reçu ma première bonne nouvelle. Les gendarmes ont envahi la baraque pour me l'apprendre :

j'étais français ! J'allais faire mon service militaire ! En dépit de ma peur de l'uniforme, je leur ai demandé, très sérieux et sans sourire : « Et le quota ? »

Il me regarde du coin de l'œil.

– Après la mort de mon père, j'ai élevé mes frères et sœurs. Depuis trois ans, je suis aide-comptable, je paie mon loyer, ma vignette, mes impôts... Il ne me reste plus qu'à m'intégrer, à ce qu'il paraît.

Sur ces mots, Farid sort de la voiture, claque la portière, fait le tour et se baisse à ma hauteur.

– Demain, pour l'Aïd, j'emmène la famille à une bonne centaine de kilomètres de Paris. Dans mon enfance, à la cité, c'était une belle fête, les petites filles avaient des robes blanches, les petits garçons des costumes et des nœuds papillons. Nous allions faire la quête chez les voisins. On leur offrait des gâteaux et ils se débrouillaient toujours pour nous donner des petites pièces ou des bonbons.

Nostalgique, Farid me fait un petit sourire triste et s'éloigne en haussant les épaules.

J'ai laissé le moteur tourner quelques instants. Je l'ai reconnu, en train de faire de grands signes d'adieu, d'une fenêtre du troisième étage. Cette année-là, l'Aïd tombait dans la période des fêtes de Noël. Il m'a semblé apercevoir à ses côtés la branche lumineuse d'un sapin. J'ai pensé qu'il lui avait quand même fallu attendre une bonne vingtaine d'années pour faire les cinq cents mètres qui le séparaient de cette cité H.L.M. si convoitée. Il avait enfin acquis le droit de regarder du bon côté du pont de chemin de fer, mais je savais bien qu'il aurait toujours beaucoup de difficultés à défaire les valises du provisoire qui n'en finit pas de durer.

Mounsi
ou le pouvoir des mots

« Tu verras, la maison est au bout de la rue Voltaire, à Puteaux ! Tu ne peux pas te tromper, tu la reconnaîtras entre mille ! » m'avait dit Mounsi, le chanteur-poète d'origine kabyle. Intriguée, je m'avance dans cette rue et presque au bout, un peu en retrait du trottoir, j'aperçois un immeuble, apparemment de construction récente, qui s'enorgueillit de balcons ridiculement étroits mais qui ne me semble rien avoir d'extraordinaire. Juste à côté de cette construction, apparaît une façade lézardée où un lierre jaunâtre s'accroche désespérément. En faisant quelques pas supplémentaires, j'arrive à l'angle de la rue Pasteur et je découvre l'autre côté de la paroi : là, il n'y a pas de lierre, mais un mur de trois étages à demi rongé par la moisissure, quelques fenêtres dont les rares volets, inutiles, pendent lamentablement, et sur lesquelles sont clouées, grossièrement, des planches en forme de croix. Quant à la porte d'entrée, à moitié pourrie, elle s'ouvre sur une cour minuscule, aussi sombre qu'une cave. Je me suis avancée sur le seuil, j'ai poussé la porte branlante qui s'est complètement ouverte en faisant gémir ses gonds rouillés, et je suis entrée dans la petite cour. A l'intérieur, les mêmes murs, moisis à mi-hauteur, comme allergiques aux rayons du soleil et à la lumière du jour, et tout au fond, un escalier extérieur sur lequel un tapis décoloré, effiloché, dont la trame apparaît en de multiples cicatrices, semble remplacer des marches manquantes. Il s'en dégage une odeur nauséabonde, un mélange irrespirable de pisse et d'excréments, qui saisit à la gorge.

Au même instant, des voix d'hommes qui parlent fort, des pas, les marches qui grincent à l'étage, et je vois apparaître un homme âgé, aux cheveux blancs, qui descend presque allègrement, un sac en plastique dans une main, un cabas à carreaux dans l'autre, et qui crie : *« Baleck ! »* (« Fais attention ! ») Derrière lui, un deuxième homme est descendu plus lentement. J'ai d'abord vu ses chaussures, son pantalon de cuir noir, sa veste assortie, une casquette également en cuir noir couvre presque entièrement ses cheveux. Mounsi apparaît en souriant. La quarantaine environ, un visage plein de charme, il s'avance vers moi, m'embrasse affectueusement, tandis que le vieil homme s'excuse d'être obligé de partir pour aller chercher des légumes et jeter la poubelle. Aussitôt dit, il secoue avec conviction ses mains chargées et disparaît happé par la rue, en laissant la porte d'entrée béante.

– Je n'en reviens pas ! s'exclame Mounsi, après son départ, d'une voix émue. Depuis que je l'ai quitté, il y a plus de trente ans, dans un piteux état, l'immeuble tient toujours debout. Et il y a encore trois ou quatre locataires, comme lui, que la mairie ne peut pas reloger et qui vivent là, sans eau, ni électricité. Tout est pareil que dans mon souvenir, même les odeurs.

Il me prend gentiment par le bras et me fait faire quelques pas, afin de mettre une distance raisonnable entre le tapis de l'escalier et nos narines.

– Lorsque je suis arrivé en France, je venais d'un petit village de Kabylie, où je suis né et où j'ai vécu jusqu'à 7 ans, dans un environnement essentiellement féminin : ma mère, ma grand-mère, mes tantes, tout un mélange d'odeurs de fruits, de fleurs, de cuisine aussi...

Il jette à nouveau un regard qui va de l'escalier au tapis, aux murs lépreux, aux fenêtres bardées de planches, et qui revient vers moi, calme, limpide.

– Un jour, ma mère me dit qu'à cause de la guerre en Algérie, des attentats, des bombes, de toute cette violence, j'allais partir en France, à

Paris, vivre près de mon père. J'étais tout heureux de cette nouvelle. Paris, pour moi, ça voulait dire une immense tour Eiffel pleine de lumières ! J'ai fait le voyage en bateau, avec mon oncle Mansour. On est arrivés au petit matin à Marseille, et de là on a pris le train pour Paris. Que d'attentes ! Quelle émotion ! Et soudain... Je me retrouve au bidonville, rue de la Folie à Nanterre, je découvre un terrain vague entouré de grillages, un ramassis de baraquements faits avec des tôles, des planches, des caisses, des toits retenus par des pneus, et partout une boue épaisse, gluante, nauséabonde, dans laquelle les chaussures restent collées, des rats qui courent partout, si affamés que j'entends dire qu'ils bouffent même les chats, des enfants qui jouent dans le tas d'ordures de la décharge publique, juste à côté du bidonville...

Tout en parlant, Mounsi me conduit vers un petit banc, adossé à l'un des murs de la cour.

– La baraque de mon père donnait sur la décharge municipale, et juste à côté il y avait les deux baraques des commerçants : sur des planches branlantes de l'étalage du boucher trônaient des têtes de mouton, couvertes de mouches, et sur celui de l'épicier quelques boîtes de tomates en conserve, quelques bouteilles d'huile et des paquets de Gitanes brunes. Ça nous servait de cible, pour notre unique jeu : jeter des cailloux ! Mais le vrai moment de plaisir venait avec la trompette du marchand de glaces. C'était un des rares Français qui osaient s'aventurer jusqu'au bidonville. Tous les enfants accouraient au son de la trompette, mais aucun ne pouvait s'offrir une glace. Comme les autres, je regardais avec délice la glace en plastique multicolore qui ornait la petite voiture.

Il s'interrompt, les yeux brillants de gourmandise.

– Des fois – mais c'était rare –, le fils du boucher avait de quoi s'en payer une, mais il n'arrivait jamais à la manger, car toute une nuée piaillante, affamée, se ruait sur sa glace et s'en léchait encore les doigts, sous son nez, des heures après l'avoir avalée à sa place ! Quelques mois après mon arrivée, un soir, il y a eu une réunion pour organiser une marche silencieuse en faveur de l'Algérie indépendante. Les grands parlaient beaucoup et nous, les petits, on a cru qu'on allait faire une fête, comme pour l'Aïd. Et ce fut la journée du 17 octobre. J'étais trop jeune pour comprendre, mais je sais que pendant des jours et des nuits j'ai entendu pleurer des mères, j'en ai vu d'autres qui s'arrachaient les cheveux. Des enfants ne sont jamais revenus, des pères ont été jetés dans la Seine. C'est beaucoup plus tard que j'ai su ce qui s'était passé au cours de cette journée terrible, dont on n'a pas encore fait le deuil.

Il me propose de faire halte sur le banc et s'interrompt quelques secondes, pensif.

– Et gravés dans les murs, il y avait toutes ces inscriptions, « O.A.S. », « F.L.N. », « A mort les Bougnoules », que je voyais matin et soir en allant à l'école. Tout cet alphabet de violence a produit comme une sorte de déflagration dans ma tête. Pendant trois longues années, je suis resté au bidonville, avec mon père que je ne connaissais pratiquement pas, que j'entrevoyais à peine le dimanche, qui travaillait dur dans la peinture des carrosseries des usines Renault, à Billancourt. Parfois, on recevait la visite de l'oncle qui m'avait emmené sur le bateau. Il tenait un petit hôtel, à Puteaux. C'est lui, d'ailleurs, qui a décidé mon père à quitter la rue de la Folie pour qu'il soit moins fatigué par le trajet, et à partager une chambre, ici.

Il lève les yeux et, en pointant son doigt, désigne l'endroit juste au-dessus de nos têtes.

– On a vécu à huit, là, dans une petite pièce du premier étage, avec des lits superposés, chacun avec son petit coin, son petit réchaud pour préparer la gamelle, chacun essayant de respecter l'espace de l'autre, un monde d'hommes, d'odeurs fortes de transpiration, accentuées par les odeurs du labeur, de peinture, de goudron, de mazout, de charbon, mais où chacun s'obligeait à respecter l'autre. J'en étais presque arrivé à regretter le bidonville, où il y avait des mères, des filles, des présences féminines. Un jour, à l'école, ça devait être dans ma onzième année, j'étais au cours élémentaire deuxième année, la maîtresse nous a donné de la pâte à modeler. Mon institutrice était incroyablement belle, une chevelure blonde, de grands yeux bleus. Elle nous a dit de faire ce qu'on voulait avec la pâte à modeler. Tout content, j'ai fait un petit bonhomme avec un sexe en érection, droit, énorme, et à la fin je lui ai offert le petit bonhomme comme on offre son cœur. Elle m'a regardé, ses yeux étaient glacials. Elle m'a fait conduire chez le directeur et je suis sorti de la classe, humilié, honteux, accompagné par les rires et les moqueries de tous les élèves. Ç'a été une blessure d'amour-propre terrible ! Surtout que non seulement j'ai été puni par le directeur, mais il a envoyé une assistante sociale à l'hôtel. Pour une fois qu'une femme entrait dans cet endroit ! Quelle honte de la voir arriver, regarder la chambre, les lits, les réchauds, les vêtements d'hommes pendus à une corde, tout écrire sur un cahier, et l'entendre expliquer à mon père ce que j'avais fait, qu'elle était obligée d'essayer de comprendre ce qui se passait, comment je vivais, que j'étais un enfant à problèmes. Et je voyais mon père, de dos, encore plus courbé que d'habitude, je l'entendais dire : « Madame l'assistante, j'ti jure il recommence pas, j'ti jure, madame, j'ti jure ! » Et il a dû lui signer son papier, en faisant à grand-peine, sur la feuille, comme une sorte de pauvre petite croix. Alors, à partir de ce jour-là, j'ai voulu effacer cette honte. Je faisais mes devoirs avec une grande application, pendant que mon père effectuait les mêmes gestes avec la régularité d'un métronome : remonter le réveil, préparer la gamelle. Je lui ânonnais, le mieux que je pouvais, ma leçon de géographie : « La Seine prend sa source au plateau de Langres et se jette dans l'estuaire du Havre... » Mon père hochait la tête, incrédule, émerveillé par toute ma science, et disait : « Ah ! Elle est bien, la France, elle est grande. »

Le visage de Mounsi s'éclaire d'un sourire.

– Il y avait aussi toutes ces trouées de ciel bleu. D'abord, les dimanches. Ce jour-là, mon père rangeait son bleu de travail, mettait son costume marron à rayures, et m'amenait aux bains municipaux. On entrait tous les deux dans la même cabine, pour que ce soit moins cher. On partageait le morceau de savon de Marseille et le petit cube de « Dop » pour se laver les cheveux. Mon père était obsédé par la propreté. Il me disait sans rire : « Tu dois user le savon. » Et je ressortais de là la peau à vif, écarlate, les yeux tout rouges. On allait ensuite acheter les légumes et la viande *halal*, puis on entrait dans un petit café, tenu par des Kabyles. On y retrouvait le coiffeur, le barbier, et mon père se faisait faire la barbe et la coupe de cheveux, en buvant du thé à la menthe, tout en écoutant Dahmane el-Harachi qui chantait la douceur du pays et la douleur de l'exil. Et pendant ce temps, fasciné, je regardais sur une télé en noir et blanc l'allure fière et vengeresse de Joss Randall, en tendant l'oreille pour écouter, entre deux plaintes kabyles, les propos revanchards du justicier d'*Au nom de la loi*. Il y avait aussi Maciste, une sorte de simplet dont on disait qu'il avait reçu un bus en pleine tête, un colosse énorme, avec des épaules gigantesques, des mains comme des tenailles, qui nous emmenait, mes copains et moi, au jardin d'acclimatation. Devant les grilles, il écartait les barreaux, et hop ! on entrait tous par cette porte improvisée. A l'heure où il nous avait demandé de revenir, on ressortait et il « refermait » les grilles ! Et puis, il y avait aussi le cinéma. L'un de nous seulement payait sa place et il nous faisait tous entrer par la porte de derrière. C'était une émotion extraordinaire. Il y avait enfin la rue, où je me sentais différent, libre, incroyablement plein de vie et d'espoir. Et juste en face de l'hôtel-dortoir, là, de l'autre côté de la rue, il y avait un café que je regardais avec fascination. Je voyais des jeunes gens, des Maghrébins bien habillés, qui arrivaient avec de belles voitures, des Mustang, des Lamborghini, et à côté d'eux il y avait toujours des femmes blondes, avec des seins énormes, des fesses fabuleuses. Je respirais leur parfum du trottoir d'en face ! A bien y réfléchir, leurs cheveux devaient être décolorés, leur parfum sortait sûrement du Monoprix, peut-être même n'étaient-elles plus très jeunes...

Un petit sourire sceptique fait briller ses yeux noirs.

– N'empêche ! Je les trouvais si belles, si attirantes quand elles descendaient de la voiture et qu'elles s'engouffraient dans le café, perchées sur leurs talons aiguilles, riant en renversant la tête. Dès que j'avais fini mes devoirs, je filais me planter devant l'entrée et je passais des heures à regarder. Et c'est comme ça que je suis devenu le petit protégé des souteneurs du café d'en face.

Ses yeux restent fixés sur le mur décrépi qui barre l'horizon, en face de nous.

– La première fois que les policiers m'ont emmené, menottes aux poignets, mon père m'a répété, hébété : « Qu'est-ce que tu vas faire, maintenant ? Qu'est-ce que tu vas devenir ? » Je me suis assis dans le fourgon de police, et par la fenêtre grillagée j'ai regardé son visage fatigué, son dos voûté, ses mains noueuses aux ongles noirs et cassés, le mur de l'hôtel sordide où nous vivions comme des parias, lui et moi. J'avais envie de lui hurler que, malgré toute la tendresse que j'avais pour lui, jamais je ne voudrais lui ressembler ! Jamais je ne porterais un bleu de travail ! Je voulais des costumes trois pièces, des chemises de soie, du parfum, de belles femmes. C'est comme ça que j'ai trouvé ma voie : je serais souteneur.

Un petit sourire retrousse pudiquement ses lèvres.

– Et voilà comment je suis tombé directement, sans escale, de la petite à la grande délinquance. Je n'avais que très peu de perspectives : ou bien je passais ma vie derrière les barreaux, me confondant insensiblement avec la grisaille des murs de la taule, ou bien je sombrais définitivement dans le mirage meurtrier des « paradis artificiels », comme dit Baudelaire. Et c'est en prison que j'ai appris à découvrir la littérature. C'est Villon qui m'a sauvé, c'est sa *Ballade des pendus.* J'avais trouvé ma voie, moi aussi je ferais éclater ma révolte, ma violence et ma haine à travers des mots, plus éloquents que des insultes ou des gueulantes.

Au même instant, les rayons d'un pâle soleil percent la couche des nuages et viennent éclairer les moisissures de la façade.

– Je suis sorti de prison comme d'autres sortent de Saint-Cyr, une sorte de décoration qui m'imposait dans la cour des grands. Je suis allé voir *La Fureur de vivre*, *Sur les quais*, des dizaines de fois. Je me suis identifié à ces acteurs qui incarnaient la marginalité, mais j'avais compris que ma révolte ne se limiterait pas à me faire faire des tatouages sur le corps. Je savais que la seule façon d'ouvrir définitivement les portes de la prison et de la misère, c'était par la transgression de l'intelligence, le raisonnement, l'analyse, là où la société française ne m'attendait pas. Mais il m'a fallu attendre de longues années, avant de passer de la page des faits divers à la page littéraire.

Sur ces mots, il arbore un petit sourire ironique, puis redevient sérieux.

– A cette époque en tout cas, j'ai découvert la magie de la musique : Otis Redding, James Brown, Sam and Dave, Aretha Franklin... Brusquement, je réalise que les Noirs américains ont vécu la même histoire, leur Harlem c'est mon Puteaux, on vient des mêmes ghettos. Des hommes comme Mohamed Ali, Chester Himes ou Richard Wright ont voulu venger les humiliations imposées à leurs pères. Et j'ai pensé que nous, les enfants d'immigrés, nous aussi nous avions beaucoup de choses à apporter à la France, car nous faisons partie de l'histoire de ce pays des Lumières.

Au même instant, un petit vieux porteur d'un cageot d'où dépasse une demi-baguette de pain pénètre dans la cour et se dirige, à petits pas, vers l'escalier. Mounsi se lève brusquement et s'approche de lui.

– Je te reconnais ! s'exclame-t-il avec émotion. Tu t'appelles bien Boubaker ? Tu te rappelles de moi ? On a habité ici, dans l'hôtel-dortoir, avec mon père, il y a quelques années...

– L'hôtel, il était tenu par un Kabyle qui s'appelait Mansour, et il avait un neveu, dit le vieux en plissant le front, comme s'il faisait des efforts de concentration.

– Tu as connu Mansour, s'exclame Mounsi, visiblement très ému. Eh bien, c'était mon oncle ! C'est lui qui nous avait trouvé une place, dans la chambre, au premier étage, pour mon père et pour moi.

– Mansour, il est mort, réplique le petit vieux sans s'émouvoir. Avant, il avait un chien, très méchant, qui te serrait avec ses mâchoires, et il avait aussi un neveu, oui. Mansour, il est mort, répète-t-il en secouant la tête.

– Oui, je sais, dit Mounsi. C'était mon oncle.

– Oui, oui ! Il avait un neveu, oui. Mais maintenant, Mansour, il est mort. Et le café, en face de l'hôtel, il n'existe plus. On va faire un parking. Oui, oui.

Le petit vieux se dirige lentement vers l'escalier, à petits pas hésitants, et répète, inlassablement : « Oui, il est mort Mansour. Il avait un neveu, oui, oui. Je ne sais pas ce qu'il est devenu. »

Bouleversé, Mounsi soupire profondément et lève les épaules en signe d'impuissance, en le regardant monter précautionneusement le tapis de l'escalier. Après un long silence, nous nous sommes dirigés vers la porte d'entrée. Au-dehors, le troupeau de nuages s'amassait et annonçait l'imminence de l'orage, tandis que dans la rue

Voltaire les rares passants se dépêchaient de rentrer chez eux. Mounsi m'a embrassée et m'a serrée tendrement contre son épaule.

– Nous, les enfants du Maghreb périphérique, on a bien besoin de revoir les valeurs de base de la psychanalyse ou du freudisme. Dans l'Œdipe, il faut tuer le père, mais nous, au contraire, il nous faut le déterrer, il nous faut le faire revivre. Il a été tué socialement par le colonialisme, par les guerres, puis par l'émigration. Au lieu de le tuer, il nous appartient à nous, les enfants, de le faire revivre, de lui faire redresser la tête, qu'il se tienne fier et droit comme quand il se faisait prendre en photo dans son beau costume pour l'envoyer et rassurer la famille restée au pays.

Et avec un sourire de connivence, il a levé les yeux vers la fenêtre, comme si le petit vieux avait pu entendre et comprendre ses paroles.

Wahib
ou le grand frère

Le collège Jacques-Prévert de Villeurbanne, commune industrielle au nord-est de Lyon, se niche, comme tant d'autres collèges de banlieue, au cœur d'un dédale de bâtiments noircis par les intempéries et les fumées d'usines. Les seules taches de couleur sont apportées par du linge qui essaie de sécher, malgré l'humidité et le brouillard, quelques pots de fleurs qui résistent aux rebords des fenêtres, et des tags à dominante rouge qui balafrent la plupart des murs. En me rapprochant du stade qui se trouve à côté du collège, j'examine les marques sur les murs : la majorité sont sibyllines, intraduisibles, quelques-unes, toutes fraîches, soulignent la dureté de l'actualité et du contexte local : « Flics, assassins », « Khaled Kelkal, on te vengera », « Nous sommes tous de Vaulx-en-Velin ».

A pas lents, je m'approche du stade où je dois rencontrer Wahib, l'éducateur, et quelques-uns des adolescents dont il a la charge. Je l'aperçois, seul, qui attend patiemment, assis sur la première marche des gradins. De bonnes joues rondes, des yeux rieurs, des fossettes autour de la bouche, une expression juvénile qui contraste avec un début de calvitie et l'air sérieux que lui confèrent des lunettes à monture dorée, qu'il remonte, machinalement, sur son nez. Vêtu d'un survêtement à rayures blanches et noires, sur lequel se balance un sifflet argenté pendu à un cordon, autour de son cou, il se lève et vient vers moi d'une allure débonnaire. En souriant, il m'avertit que « ses » ados auront un peu de retard, mais que nous pouvons en profiter pour faire connaissance. Il parle avec un accent légèrement chantant, et d'une voix sereine. Il me propose de m'asseoir auprès de lui, sur les gradins. Du revers de la main, il essuie à petits coups l'endroit où je vais me placer.

– Je suis né à Alger en 1963, et je ne suis arrivé en France qu'en 1969. J'avais 6 ans et je me rappelle ma joie. Au village, chaque fois que mon père revenait de France avec des cadeaux et des bonbons, c'était l'événement quand il arrivait. Tout le monde fêtait le retour du héros, et moi, j'accourais encore plus vite que les autres. Je le trouvais grand, superbe avec sa belle moustache noire, son costume et ses cravates en couleur. Je glissais ma main dans la sienne et j'attendais mon cadeau : c'était, chaque fois, une paire de chaussures en cuir, mais ce n'était jamais la bonne taille.

Il esquisse un sourire attendri.

– C'est pour cela que, lorsque j'ai entendu ma grand-mère dire, en pleurant, que nous allions partir, ma mère et moi, en France pour le rejoindre, ç'a été le plus beau jour de ma vie. Finie, la vie de sauvage. J'allais être avec lui, tout le temps, au lieu de le voir deux mois sur douze. Tu ne peux pas savoir comme j'étais fier en débarquant de l'avion, à Satolas. Il me semblait que tous les gens nous attendaient dans l'aéroport.

Le sourire a laissé place à une moue désabusée.

– J'ai bien vu que ce n'était pas nous que les gens attendaient. Non seulement ils ne nous regardaient pas, mais ils nous bousculaient ! Après, il y a eu l'histoire du voile de ma mère. Elle refusait de l'enlever et mon père n'arrivait pas à lui faire comprendre qu'en France il fallait absolument éviter de se faire remarquer. On y a passé au moins une heure. Et encore, elle n'a accepté qu'à condition d'enfouir sa tête dans sa veste. Moi qui étais si pressé de voir comment était la France ! Ce qu'il y a eu de bien, c'était le taxi, une super voiture noire qui me paraissait immense, et la promenade dans Lyon, les immeubles, les vitrines, les affiches plus belles les unes que les autres, les voitures, les gens avec de si beaux habits, et mon père qui me disait que les Français étaient tous présidents.

Wahib a retiré ses lunettes. Il me dévisage soudain avec difficulté. Sa moue devient grimaçante.

– Après un très long moment, on a vu surtout des immeubles comme ceux d'en face. Plus de vitrines, plus d'affiches. Le taxi s'est arrêté dans un drôle d'endroit : des petites maisons collées les unes aux autres, du linge étendu un peu partout, des enfants tout sales, des femmes avec des robes jusqu'aux pieds qui prenaient de l'eau à la fontaine, des hommes qui parlaient fort en arabe. Je croyais qu'on allait repartir, mais mon père sort les deux grosses malles du taxi et nous dit qu'on est arrivés. C'est là qu'on va habiter. Quelle déception ! J'avais tellement rêvé de la France ! Jamais je n'avais imaginé que ce serait comme le bled.

Lentement, il remet ses lunettes et cligne plusieurs fois des paupières.

– Ce qui m'a aussi beaucoup déçu, c'est que je ne voyais jamais mon père, sauf un peu le dimanche. Je ne savais pas trop ce qu'il faisait, sinon qu'il passait son temps à me répéter qu'il fallait que je fasse de bonnes études, afin de devenir, un jour peut-être, un demi-président, et d'avoir un bon métier quand nous repartirions en Algérie. Au début, je disais la même chose à mes frères et sœurs.

Wahib a retrouvé son sourire attendri, en évoquant le reste de la famille.

– Il faut dire que dès que j'ai su lire et écrire le français, je me suis occupé de tous les papiers de la famille. Et même de ceux des voisins. J'aidais ma mère pour les courses, et voilà comment, au fur et à mesure des naissances – cinq frères et quatre sœurs –, je suis devenu le deuxième papa de la maison. Il faut dire aussi que mon père ne nous adressait pratiquement plus la parole. Du jour où il s'est rendu compte qu'on se parlait entre nous en français, et en particulier moi l'aîné, ça lui a fait une sorte de choc. Il n'en a jamais parlé, mais je l'ai compris à ses regards pleins de reproches. Je me souviens de la fois où, après de nombreuses privations, on a enfin pu s'offrir une voiture d'occasion, une Simca 1000. Au premier carrefour, voilà qu'on a un accrochage avec un chauffard, à moitié soûl, complètement en tort. Je vois mon père qui sort de la voiture, qui s'excuse, qui lui fait des courbettes. Je sors aussi et je dis au conducteur qu'il doit reconnaître ses torts pour le constat. Mon père continue à s'excuser, puis, sans me regarder, me dit d'écrire sur le constat que c'est de sa faute, à lui. Sur le chemin du retour, il était dans tous ses états. Je ne l'avais jamais vu comme ça. Et les dents serrées, les mâchoires crispées, je l'entendais répéter : « Tu comprends, tu n'es pas chez toi. Ici, tu dois baisser les yeux, tu dois te taire, tu n'es pas chez toi, tu comprends, tu n'es pas chez toi. »

Wahib baisse les épaules, son dos s'est brusquement voûté, son visage s'est tendu.

– Quand nous sommes rentrés, il m'a dit que s'il se privait autant, s'il se tuait au travail, c'était parce qu'il n'avait qu'un seul but, qu'une seule raison de vivre : construire la maison en Algérie, pour le jour de notre retour. Il n'avait jamais autant parlé. Nous avons continué à vivre comme si nous allions repartir : pas d'installation, le robinet de la cuisine qui fuyait et qu'on ne réparait jamais, presque pas de meubles, des cartons empilés, des valises entrouvertes... Et puis, les années ont passé. L'idée du retour s'éloignait chaque jour, le mot lui-même devenait tabou, n'était plus prononcé. On ne parlait pas davantage de notre installation définitive. Un jour, la retraite est tombée sur mon père, sans qu'il s'y attende. La perte brutale du travail a fait de lui un pantin désarticulé, sans repères, sans objectifs, sans amis, un immigré au pays de la vieillesse. Je savais bien qu'il en crevait de se sentir inutile. Il ne voulait même pas que je l'aide à constituer son dossier de retraite. Heureusement, comme on a eu le H.L.M., il a eu enfin de quoi s'occuper. Il s'est mis à refaire l'appartement à neuf, il a même refait trois fois la tapisserie ! C'est à ce moment-là que le gardien de la cité lui a proposé des petits boulots, des bricoles qui l'aident un peu financièrement, mais surtout qui l'occupent. Du coup, à soixante-cinq ans passés, il parle de l'avenir, de choses à faire, de projets, en France ! Je sens bien qu'il est content, au fond, d'être ici avec ma mère à côté de nous.

Un groupe d'ados, entre 10 et 14 ans, s'engouffrent dans le stade et envahissent les gradins en criant et en s'interpellant. Wahib donne un petit coup de sifflet, lance quelques « Allons, les enfants ! », et plusieurs « Chut ! » qui se veulent menaçants. Il finit par leur proposer, de sa voix calme, de s'asseoir tranquillement sur le gazon du stade. Comme un bouquet de fleurs coupées, ils s'éparpillent devant nous. Devant, trois jeunes filles et deux garçons me dévisagent froidement, sans sourire. Les autres, une petite dizaine, s'installent plus loin, et commencent à s'interpeller en criant, à se lever, à courir, à se rasseoir un peu plus loin, à revenir, comme s'ils attendaient la réaction de Wahib qui, ostensiblement, les ignore.

– Alors, Yasmina, demande-t-il à une des trois jeunes filles assises devant nous, tes parents sont bien tunisiens ?

– Ouais, réplique-t-elle, en se dissimulant sous une mèche brune, et alors ?

– Ben, on voulait juste en parler un peu avec toi, savoir comment tu te sentais, au fond, plutôt tunisienne ou plutôt française ?

– Pff ! Tunisienne, bien sûr, réplique Yasmina en me fixant de son regard distant.

– Et toi, Besma ? poursuit Wahib en se tournant vers une jolie tête frisée, ornée d'un bandeau noir.

– Ben moi, comme je suis née en France, ça veut dire que je suis française, de nationalité, mais comme Yasmina, je suis tunisienne, quoi !

Elle se penche sur les lacets de ses chaussures de sport, dont elle refait consciencieusement la boucle.

– Et toi, Farid, toi qui es son frère, qu'est-ce que tu en dis ?

– Je te le dis franchement, si la loi française ne m'obligeait pas à posséder la carte d'identité française, à avoir la nationalité française, je garderais ma nationalité.

– Comme ça, s'exclame celle qui n'a pas encore parlé et dont le joli visage est encadré de beaux cheveux dorés, quand tu iras chercher du boulot, ils diront que t'es immigré et ils ne te prendront pas.

– Mais si tu es né ici, c'est la France ton pays, insiste Wahib, de sa voix douce, en remontant ses lunettes.

– Écoute, Wahib, plus tard, quand je serai plus grand, pourquoi je n'irais pas vivre en Tunisie ? Y en a bien qui sont allés vivre en Amérique, rétorque Farid, le front buté et les sourcils froncés.

– Moi, reprend la tête blonde, je ne retournerai

jamais vivre en Algérie ! Même si je sais que je ne suis pas tout à fait française, je suis née ici et c'est là que je me sens le mieux.

– Si tes parents te disaient qu'ils repartent en Algérie, tu ferais comment ? apostrophe Farid, agressif.

– S'ils veulent repartir, c'est leur problème. Moi, je reste ! rétorque-t-elle avec tant de certitude que les autres éclatent de rire.

Farid s'écrie, ironiquement :

– Allez, allez ! C'est ça, fais ta Française !

Ceux qui n'ont pas pris part à la discussion en profitent pour rire plus fort que les autres, éructer et pousser quelques cris stridents, ce qui leur vaut à nouveau des « Allons, les enfants ! » et des « Chut ! Chut ! » de Wahib, bientôt suivis d'effet.

– Et toi, Morad ? demande-t-il, le calme revenu, au garçon aux yeux bleus qui n'a pas encore parlé.

– J'ai la carte française, répond-il en baissant la tête, mais je me sens algérien. Il relève brusquement le menton et ajoute : Parce que je suis très fier d'être musulman.

– Mais on peut très bien être français et musulman, s'écrie Wahib en haussant le ton. Le groupe réagit en sifflant, en criant, et proteste à qui mieux mieux, surtout ceux du fond qui n'ont pas entendu mais qui en profitent pour augmenter le vacarme.

– Mais enfin, Wahib, s'exclame Farid, tu sais très

bien qu'être français ça veut dire manger du porc, faire la religion française, être chrétiens, quoi !

– Oui, surenchérit Yasmina, un Français c'est celui qui porte sur lui la croix. Tu sais Wahib, celle qu'ils mettent autour du cou.

– C'est pour ça qu'on ne nous prendra jamais pour des Français, et qu'un jour, quand je serai grand, j'irai lui crever son autre œil à Le Pen, puisqu'il veut qu'on foute dehors tous les musulmans, riposte Morad d'une voix pleine de colère.

– Pourtant, constate Wahib de sa voix douce, sans relever la dernière allusion, vous allez bien vivre, habiter, travailler, au milieu des Français. Si vous faites un pas vers eux, ils en feront deux vers vous, c'est un échange. D'ailleurs, un jour vous allez peut-être vous marier avec un Français, ou une Française, et...

Un concert de cris et de sifflements s'échappe des bouches et interrompt le propos de Wahib. Le calme revenu, il poursuit, sereinement.

– Je m'appelle Wahib et j'ai épousé une Française, Corinne, et nous avons trois enfants, Rémy, Aurélie et... Farah.

Des sifflements, accompagnés de cris indignés – « Ouah, la honte ! », « Ouah, comment il fait devant ses parents ? » – accueillent la déclaration. Le groupe du fond qui, depuis quelques minutes, donne des signes d'impatience, se met à hurler. Quelques-uns des garçons commencent à se battre. Wahib donne plusieurs coups de sifflet, sans effet. Il s'approche de son pas tranquille, afin de tenter un retour au calme. Malgré sa présence, les cris et les insultes, en arabe et en verlan, fusent. La mêlée a pour origine une histoire de scooter volé qui a conduit l'un d'eux au commissariat alors qu'il n'y était pour rien. Comme il n'a pas joué la « balance », qu'il n'a pas « donné » le vrai coupable, il aimerait bien lui restituer les coups indûment reçus dans les locaux de la police. La présence et les propos lénifiants de Wahib sont sans résultat. Rendez-vous est pris pour le lendemain, derrière le collège, et le groupe se sépare sur un échange de regards assassins, de doigts levés, de bras d'honneur et d'insultes.

Farid, Morad, Yasmina, Besma et la jolie petite tête frisée se lèvent et, après m'avoir saluée de façon assez distante, quittent le stade en disant à Wahib qu'ils le verront, demain, à la même heure. En sueur, le visage rouge malgré le froid et l'heure tardive, ce dernier revient vers moi. Le sifflet argenté est retombé sur les rayures du survêtement.

– J'ai connu les mêmes galères, je viens du même milieu, mais j'avais encore des repères. Eux, ils n'en ont plus du tout. Les pères sont au chômage, un frère sur deux a le sida, certaines sœurs sont sous les verrous. La drogue est partout, elle se consomme dans chaque cave et se vend à chaque coin de rue. Alors, avec mes faibles moyens, j'essaie de leur dégager un petit coin de ciel bleu.

Wahib baisse les épaules, comme s'il était épuisé, mais ses yeux disent son envie de tenir la gageure. Il me raccompagne à l'entrée du stade, regarde en direction des murs de la cité et arbore un sourire victorieux.

– Cela fait cinq ans que je m'occupe d'un autre groupe d'adolescents. Ils ont aujourd'hui entre 16 et 17 ans. L'autre jour, ils voulaient rester ensemble, le soir. Je leur ai dit qu'on allait réserver un resto. Ils m'ont regardé, ahuris : « Un MacDo, tu veux dire, un Quick ? – Non, un vrai restaurant. Je parie que vous n'y êtes jamais allés. » Ils se sont mis à gueuler, comme d'habitude : « Ça va pas ? Les gens vont nous mater de travers. On va nous foutre dehors ! » J'ai tenu bon. Je leur ai dit : « Vous allez vous préparer. Vous êtes grands, maintenant, vous n'aurez pas d'animateur pour vous encadrer. On va tenter l'expérience. »

Il fronce les sourcils et une grimace de contrariété durcit son visage.

–J'ai contacté plusieurs patrons de restaurant de la ville, et ce n'est qu'à ma quatrième tentative que le patron a fini par accepter qu'un groupe de jeunes Français maghrébins vienne le soir manger dans son établissement.

Wahib remonte ses lunettes, me fixe de ses yeux

lumineux et reprend, volubile, d'une voix pleine d'assurance.

– Je les ai déposés au resto et j'ai parlé quelques minutes avec le patron. Il les a installés comme les autres clients. Je sais qu'au début ils étaient gênés, mal à l'aise, ils n'osaient même pas demander du pain. Mais comme il y avait une ambiance karaoké, le patron a insisté pour qu'ils chantent. Avec leur façon de parler, leurs manières, ils ont fait rire tout le monde. Ils ont mis une telle ambiance que le patron leur a offert le dessert. Quand je suis venu les chercher, ils ne voulaient plus partir. Le patron leur a même proposé de revenir, autant qu'ils le voudraient. Ce n'est pas grand-chose, mais c'est un pas important dans l'intégration au sein de cette société.

Face à son expression enthousiaste, je n'ai pu que lui serrer la main, aussi chaleureusement que si je quittais un ami. Les efforts de socialisation de ce « grand frère » constituent une étape, non négligeable, pour aider ces jeunes Français d'origine maghrébine à accepter et à se sentir acceptés par une société dont ils font définitivement partie.

Naima
ou l'inconsciente tentation du couvent

A la sortie de Lyon, la cité des Oiseaux se présente comme un ensemble de bâtiments et de tours. Sur les murs s'allongent d'énormes taches, semblables à celles qui décorent les tenues de paras, monstrueux camouflage dans des tons ocres, bleuâtres, violets, verdâtres, où s'égarent et s'étiolent les vitres des fenêtres. En levant les yeux pour trouver et déchiffrer le nom des rues, je parviens à lire une inscription : « Rue des Alouettes. » Hélas, ce n'est pas ce volatile que je recherche ! Après quelques minutes d'errance, je déchiffre la plaque attendue : « Rue des Fauvettes. » Elle étale les auréoles multicolores de ses bâtiments. Contente d'avoir atteint mon but, la tour 14, la satisfaction d'arriver à destination ne dure guère. Dans le hall d'entrée, une dizaine d'adolescents, assis par terre en demi-cercle, me détaillent de la tête aux pieds, en sifflant ou en pouffant de rire.

– Bonjour, dis-je timidement. Naima B., c'est bien au douzième étage ?

Les rires gras et les sifflements reprennent de plus belle.

– Eh !... Quand tu la trouveras, tu nous feras signe, s'écrie l'un deux.

Le vacarme redouble d'intensité. Mal à l'aise, je parviens tant bien que mal devant l'ascenseur sur lequel une main malhabile a fixé une petite feuille portant la mention « En pane ». Outre la faute d'orthographe, deux taches, l'une d'encre, l'autre de graisse, ornent la missive. Une autre main, tout aussi malhabile, a ajouté, en rouge : « Fête pas chié. » Pas de problème, je vais y aller à pied. Je grimpe les escaliers sans lumière, beaucoup plus vite que je ne le pensais, accompagnée par les rires moqueurs. En comptant les étages, je finis par arriver, passablement essoufflée, au douzième. Quelques coups sur la porte, puisque la sonnette reste muette, et Naima apparaît dans l'entrebâillement.

L'étonnement succède à l'essoufflement. Elle porte un *hidjeb* à dominante marron foncé, bordé de noir aux poignets, large, comme empesé, recouvrant entièrement son corps. Son visage est enserré dans un foulard noir qui cache la racine de ses cheveux, et retombe sur le *hidjeb* à l'endroit où doit se trouver son cou. Elle doit avoir une vingtaine d'années. Son visage est lumineux, des traits réguliers, un petit nez, une bouche bien ourlée qu'aucun maquillage ne vient souligner, des sourcils noirs. Une expression de sérénité la fait paraître comme éclairée de l'intérieur. Elle m'invite à entrer dans la salle à manger, me fait asseoir sur une chaise près de la table. Avec de grands sourires, elle se déplace d'une allure posée, les pieds nus, en penchant légèrement la tête vers son épaule, puis, en s'excusant, disparaît dans le couloir.

De l'autre côté de la table, collé contre le mur, trône un énorme buffet vitré, aux portes luisantes, dans lequel sont entassés, pêle-mêle, deux services à café en porcelaine fleurie, deux photos représentant un homme d'une cinquantaine d'années, en djellaba et en costume à rayures. Sur une étagère, toute seule, une mosquée en terre cuite ou en carton-pâte, au-dessus du buffet des photos de La Mecque, à différents moments de la journée. Il règne, dans la pièce, une odeur particulière, mélange d'encens, d'encaustique et de friture rance. Le tic-tac d'une énorme pendule, imitation faïence, fixée sur le mur, rythme les bruits familiers de la tour : un enfant qui pleure, le claquement répété d'un vide-ordures trop chargé, des battements excédés sur les portes inertes de l'ascenseur, le ronflement épuisé d'un aspirateur, une radio qui diffuse de la musique orientale, des insultes en arabe... Discrètement, je me lève pour regarder à l'extérieur. Je soulève le rideau blanc, surchargé de fleurs roses et bleues. A gauche, à droite, en face, le même décor, les mêmes bâtiments, les mêmes taches sur les murs. Elles m'oppressent comme si elles se rapprochaient vertigineusement. Une angoisse pesante, indéfinissable, m'étreint. Soudain, un bruit de claquettes me ramène rapidement à ma chaise. Juste le temps de m'asseoir et Naima réapparaît. Ce bruit de claquettes provient des pantoufles qu'elle vient d'enfiler, bleues à pompons – tout du moins pour la pantoufle de gauche, car la droite n'en a conservé que le fil. Dans ses bras, un plateau à fleurs sur lequel elle a posé deux grands verres et une carafe transparente, pleine à ras bord d'un liquide qui ne parvient pas à se décider entre le jaune et l'orange.

– Ma mère ne va pas tarder, dit-elle après avoir empli les deux verres et m'avoir tendu, en souriant, celui qui est le plus proche de moi. Puis elle ajoute, après quelques secondes de silence, ponctuées par les pleurs de l'enfant, et les coups sur l'ascenseur : Mon père est décédé il y a quelques mois, le pauvre, alors que je venais juste de préparer, avec lui, son pèlerinage à La Mecque. Pendant trente ans, il a espéré ce voyage, et puis voilà, le destin en a décidé autrement. Enfin... Je sais que ma mère a dû en faire des heures de ménage, pour le rapatriement de son corps en Algérie.

En soupirant, Naima s'est installée de l'autre côté de la table, dans une sorte de bergère recouverte d'une couverture bleue molletonnée. Elle se cale au fond et me fixe de son regard limpide.

– Je suis née à Lyon, mais mes parents sont venus d'Algérie dans les années 50. Je ne sais pas grand-chose de leur histoire, ils n'en ont jamais parlé, juste quelques bribes. Mon père est venu dans cette région à cause des usines, et il a travaillé comme ouvrier dans la métallurgie. Un jour, en voulant nettoyer sa gamelle, j'ai trouvé dans sa musette des petits bouts de carton, qui ressemblaient à des panneaux : « Attenssion, sortit de camion », « Dangé ». Tout était écrit en lettres tremblantes, et avec des fautes. Le pauvre, je l'entends encore, tard le soir, pensant que nous étions couchés, assis à la table de la cuisine en train d'ânonner les syllabes, entre deux quintes de toux, en essayant le plus possible de se cacher de nous.

Naima adresse aux photos posées sur l'étagère un sourire indulgent et attendri.

– En ce qui concerne la religion, on faisait le Ramadan et l'Aïd. Ça fait partie de mes meilleurs souvenirs d'enfance, cette fête de l'Aïd, parce que ce jour-là toute la famille mettait ses beaux habits. Mon père, en costume à rayures, écoutait l'hymne national algérien en guise de musique religieuse. C'était la seule fois de l'année où son visage long et triste s'illuminait. Je le revois, tout droit, très fier, remettant le disque pendant des heures, comme s'il retrouvait un peu de sa dignité. Pendant longtemps, j'ai associé l'hymne algérien et la fête de l'Aïd. Quant à ma mère, elle économisait sou par sou pour acheter les sacs d'amandes, les raisins secs, le miel... Je la revois, assise par terre, enveloppée des odeurs de friture, en train de préparer, trois jours durant, les gâteaux que je devais offrir aux voisins, comme le veut la coutume.

La voix sereine de Naima me ramène à ma propre enfance. Je me revois dans la petite ville du nord de la France où mes parents avaient émigré. Nous étions, à cette époque, la seule famille maghrébine du quartier. Et la fête de l'Aïd étant venue, ma mère, dans un élan de générosité dont elle avait le secret, m'avait demandé d'apporter aux voisins, comme le veut la coutume, le plat de gâteaux que l'on offre à la mémoire d'un parent décédé. « Tu vas aller chez la voisine, et tu lui diras bien que les gâteaux, c'est de la part de ton oncle Moussah. – Oui, maman », avais-je répondu, en jeune fille obéissante, du haut de mes 13 ans. Je me revois, pétrifiée, sonnant à la porte, l'assiette de gâteaux bien droite, pour ne rien renverser, et j'entends encore la voix aigre et peu engageante : « C'est qui, qui sonne ? – C'est moi, Yamina, la fille de votre voisine, ma mère m'a dit de vous apporter des gâteaux de la part de mon oncle Moussah !

– Tu diras à ta mère que je le connais pas, ton oncle ! » avait sèchement riposté la voix de la voisine. Bien sûr puisqu'il est mort, me disais-je en moi-même, en haussant les épaules. L'année suivante, j'avais renouvelé la tentative, en frappant à la porte de la voisine d'en face. Elle avait une maison et un beau jardin empli de roses, mais je n'avais pas eu davantage de succès. Aussi, l'année d'après, avec ma sœur qui s'était vu infliger, elle aussi, une assiette identique, nous avons décidé, d'un commun accord, d'enterrer dans un terrain vague, assez éloigné, les gâteaux de l'Aïd. Ce souvenir me fait involontairement sourire, pendant que Naima, de sa voix calme, continue son récit.

– En 1984, je venais d'avoir 12 ans, se souvient-elle en faisant tourner plusieurs fois, autour de son annulaire, une bague argentée, je suis allée pour la première fois en vacances, en Algérie. Et là, j'ai vu des femmes dans la rue, qui portaient le *hidjeb.* Je les ai trouvées si belles, si magnifiques, que j'ai demandé à ma mère de m'expliquer ce que voulait dire leur façon de s'habiller. Elle m'a répondu que ce devait être la mode en Algérie.

Elle hausse les épaules, ne semblant guère satisfaite de cette explication maternelle, puis lève les yeux vers les photos de La Mecque, le regard brillant.

– Quand je suis revenue en France, jusqu'à ce que j'aie 18 ans, j'ai effectué des recherches, étudié dans des livres, pour comprendre ce qu'est l'islam. J'ai appris l'arabe, pour mieux lire le Coran. Je suis allée à la mosquée, j'ai rencontré des sœurs musulmanes et nous avons beaucoup réfléchi, ensemble, à la notion du vêtement. Elles m'ont fait comprendre que quand une musulmane suit les préceptes du Coran, il ne faut pas qu'elle montre son corps, il ne faut pas que le vêtement souligne ses formes. Peu à peu, j'ai pris la décision de porter le *hidjeb*, et...

La porte d'entrée qui s'ouvre interrompt la phrase. Une femme habillée à l'européenne, jupe plissée et veste longue, au visage fatigué, les cheveux rougis par le henné et ramassés sur la nuque, apparaît. Elle souffle bruyamment, sur le seuil de la salle à manger. « Voilà Yema », s'exclame Naima à mon intention. Je me lève pour saluer l'arrivante. Après m'avoir embrassée hâtivement, elle s'éclipse, soufflant toujours, prétextant des choses à ranger.

– Un jour, reprend Naima en élevant un peu la voix pour couvrir des bruits de vaisselle venant de la cuisine, j'étais assise dans le métro et je dévisageais tous ces gens qui me regardaient sans me voir. Ensuite, j'ai marché dans la rue au hasard et j'ai continué d'observer les gens que je croisais. Tout d'un coup, j'ai tout compris. Il fallait que je montre à tous ces gens que j'étais musulmane. Ils n'avaient aucun moyen de le savoir, si je ne le montrais pas. Et voilà pourquoi, dès le lendemain, j'ai mis le *hidjeb*.

D'un geste ample, elle désigne le lourd vêtement sombre qui la dissimule entièrement. Un beau sourire tranquille illumine son visage, puis elle fronce brusquement les sourcils.

– Bien sûr, ça n'a pas été facile. Dès le lendemain, je suis allée à la fac vêtue du *hidjeb* et, dans le métro, une femme d'un certain âge est venue s'asseoir en face de moi. Je lui fais un grand sourire, quand je l'entends qui vocifère : « Rentre dans ton pays, sale Arabe ! Va vivre avec les cafards de ta race. »

Sa bouche était déformée par la haine. Alors, je lui ai répondu le plus doucement possible que c'était la France mon pays, et que ma tenue n'était rien d'autre qu'un témoignage de ma foi et de mon engagement d'aimer les autres, quels que soient leur pays et leur tenue. En essayant de réagir normalement, sans violence, ni haine, je n'ai même pas réalisé qu'elle n'était plus dans la rame de métro et que, sans m'en rendre compte, je m'adressais aux autres voyageurs.

Naima cache sa tête dans ses mains, en souvenir de ce moment où elle a parlé tout fort de sa foi à des inconnus. La porte d'entrée s'ouvre avec fracas, et je vois débouler dans la pièce une tornade aux cheveux frisés, vêtue d'un jean et d'une veste assortie. « C'est Samia, ma petite sœur, commente

Naima sans s'émouvoir, toujours sereine. La tornade m'adresse un vague sourire, jette son sac à dos dans l'entrée, fonce dans le couloir, fait tomber quelque chose, profère quelques gros mots, revient une cassette à la main et s'écrie en direction de Naima : « C'est le bordel dans ma chambre ! Mais j'ai pas le temps de ranger... Bon... A plus ! » Elle disparaît, aussi prestement qu'elle est apparue, en m'adressant un sourire d'adieu qui ressemble plutôt à une grimace.

– Il faut l'excuser, commente Naima dont les joues se sont colorées, mais c'est comme ça que parlent tous ses camarades du collège.

A nouveau, son regard erre sur les photos de l'étagère. Après quelques secondes de silence, elle reprend.

– La grande peur de mon père était de se faire remarquer. Il me répétait sans cesse : « On n'est pas chez nous, on n'est pas chez nous ! Les Français, ils nous regardent, ils nous surveillent, on va nous jeter, ma fille, on va nous expulser. Je sais bien que tu es plus *tilligente* que ton père dans la religion, mais écoute ce que je te dis : la religion, elle est dans le cœur. C'est à la maison qu'il faut la faire. Dehors, c'est honteux, c'est honteux. »

Naima secoue la tête en parlant, le visage empreint d'un profond étonnement.

– Je n'ai pas bien compris son inquiétude. Il n'y

a pas de problème. Je suis française, je suis mes études, je ne provoque personne, au contraire.

Elle lève la tête en direction des cartes postales, puis baisse les yeux vers l'étagère et son regard serein reste fixé sur les photos du buffet.

– Bien sûr, dans ma vie de tous les jours ce n'est pas simple. La semaine dernière, je suis allée chez un dentiste qui a refusé de me soigner si je n'enlevais pas mon voile. Je lui ai expliqué, tranquillement, que personne n'aurait demandé à une religieuse d'enlever sa cornette pour se faire soigner, que mon habit n'était rien d'autre qu'un message d'amour. J'ai gardé ma carie, mais peut-être que ça en valait la peine.

Naima se lève, le visage grave, et tire consciencieusement sur les plis du *hidjeb* pour couvrir ses chevilles. Elle contemple, avec dévotion, le cadran de la pendule, puis m'explique, transfigurée, qu'il va falloir qu'elle procède à ses ablutions. En me raccompagnant jusqu'à la porte, elle me dit, avec une détermination souriante :

– En portant le voile, j'ai fait le choix d'apporter de l'amour autour de moi. Je ne ferai pas comme ma mère, je ne me marierai pas, je n'aurai pas d'enfants. J'ai consacré ma vie à Dieu, et à tous ceux qui ont besoin de moi. Le week-end, je m'occupe des enfants de la cité qui ont des problèmes scolaires, et dans la semaine j'aide des vieux pour leur ménage, leurs démarches. C'est ma sœur Samia, que tu as vue, qui fait les courses. Je n'ose pas trop affronter les magasins. La dernière fois, des gamins de la cité m'ont suivie, ils se sont cachés derrière un rayon et, quand je suis passée, ils m'ont aspergée de Ketchup.

Au moment de me quitter, en serrant mes mains dans les siennes, ses yeux brillent de l'éclat du pardon. Elle exprime cette sérénité tranquille que donne l'absolue certitude de l'existence d'un Dieu d'amour et de tolérance.

En redescendant, sans me presser, les douze étages, j'ai pensé que personne n'avait contraint Naima à porter le *hidjeb* ; cette obligation ne venait pas plus de son père que d'un organisme militant. Ni les Français de souche, ni les immigrés maghrébins n'auraient pu exiger ou simplement imaginer que le brassage des cultures devait conduire une musulmane à s'identifier au catholicisme. Et pourtant, le mode de vie de Naima donne à penser, sans être blasphématoire, qu'elle pourrait finir ses jours dans un couvent.

Myriem
ou la défense des opprimés

Le maître habite au dernier étage d'un bel immeuble en pierre de taille, en plein centre-ville de Lyon, pas très loin du palais de justice. Au premier étage du même immeuble, le cabinet où elle exerce et qu'elle partage avec deux autres avocates, comme l'indique la plaque de cuivre de l'entrée. Un tapis rouge, retenu à chaque marche par une tringle de cuivre, étouffe le bruit des pas. Par intermittence, les premières notes laborieusement exécutées de la *Lettre à Élise* accompagnent mes pas jusqu'au sixième étage. A peine ai-je sonné que la porte s'ouvre. Une jeune femme d'une trentaine d'années, aux cheveux frisés coupés au carré, m'accueille en m'embrassant spontanément, se présente en se tenant très droite, éclate brusquement de rire en énonçant cérémonieusement son titre, et me fait entrer dans un petit vestibule, agrandi par une glace qui couvre tout le mur.

« Viens t'asseoir au salon », propose-t-elle, en me conduisant d'un pas léger dans la première pièce. Sur une épaisse moquette bleue, un canapé et deux fauteuils en cuir beige voisinent avec deux bibliothèques de style anglais et une table basse dans le même acajou. Quelques cadres représentant des natures mortes, des doubles rideaux de velours bleu foncé ornent les fenêtres. En désignant le canapé, Myriem m'invite à prendre place et ramène derrière ses oreilles, d'un geste machinal qui doit lui être coutumier, deux petites boucles récalcitrantes.

« Je vais chercher le café, je reviens tout de suite », s'exclame-t-elle, à mon intention. J'ai à peine eu le temps de m'asseoir que Myriem revient dans la pièce, un plateau dans les bras, avec deux petites tasses, une bouilloire frémissante et une boîte de café soluble. Elle pose le tout sur la table basse et vient s'installer sur le fauteuil, en face de moi. « Je te laisse faire le mélange, je le fais ou trop fort, ou pas assez », s'écrie-t-elle sans ambages.

Tout en préparant le café, je l'observe à la dérobée : un petit visage fin, des yeux noirs plutôt petits mais rieurs. Elle n'est pas très grande, porte un tailleur beige, classique, dont la veste est cintrée à la taille et rehaussée au col par un petit foulard de soie bleue. Pas de bijoux, sinon une montre assez large, masculine, qu'elle regarde de temps à autre.

– Pendant que je t'attendais, me dit-elle, je réfléchissais aux raisons qui m'ont fait choisir ce métier.

Deux plis d'amertume se sont creusés autour de sa bouche, enlevant d'un seul coup cette gaieté juvénile qui pétillait dans ses yeux.

– Quand je suis arrivée d'Algérie, en 1974, avec ma mère et ma jeune sœur, j'avais 10 ans. Je ne connaissais rien de la France. J'arrivais tout droit de ma campagne, j'avais encore de la paille dans les cheveux, de la terre sur les souliers, je ne savais ni lire ni écrire. J'ai même cru que l'ascenseur de la tour, c'était ça l'appartement pour mes parents, ma sœur, mon frère et moi.

En souriant, elle tire le bout d'une mèche frisée derrière son oreille droite.

– Quelques jours après, je découvrais l'école. Les autres filles, la maîtresse, tout le monde s'occupait à faire des choses que je regardais sans comprendre. Au moment où j'allais poser une question, j'ai entendu une sonnerie, tout le monde est sorti dans la cour et je suis allée naturellement jusqu'à la porte pour retourner chez moi. La maîtresse a crié mon nom : « Myriem, qu'est-ce que vous faites ? Revenez ici ! » Elle s'est précipitée vers moi, apparemment très en colère. Je l'ai regardée abasourdie, avec des yeux écarquillés, en levant le bras pour cacher ma tête, comme si elle allait me frapper. Trois ans après, j'étais dans une 4e pratique, on m'apprenait à faire de la couture, du tricot.

En riant, elle prend la tasse de café, imprègne à peine ses lèvres.

– Le seul vrai bonheur, c'étaient les cours de français. Dès que j'ai commencé à savoir lire, je me suis familiarisée avec tous les écrivains qui parlaient des malheurs de la société, des injustices, et il me semblait qu'ils me comprenaient à travers les siècles, moi, Myriem. Cependant, j'aurais dû terminer mon cursus scolaire dans cette voie de garage, si un événement imprévu n'était venu bousculer le destin...

Myriem dépose sa tasse sans ménagement si bien que quelques gouttes parsèment le verre fumé de la table.

– Un après-midi, j'étais à peine revenue de l'école, je venais de terminer la préparation du repas et j'allais aider mon frère qui n'arrivait pas à faire ses devoirs. L'assistante sociale a frappé à la porte. Je l'ai fait entrer à la maison. Elle me connaissait bien, je venais souvent au centre pour les papiers à remplir, les remboursements. Elle m'a demandé de faire venir ma mère, elle avait quelque chose à lui expliquer. Ma mère était enceinte et allait bientôt accoucher. « Madame, on va demander à votre mari de quitter son travail, son appartement, et on va lui donner de l'argent pour repartir en Algérie. Il ne faut pas qu'il dise oui. » Au fur et à mesure, je traduisais ce que disait l'assistante sociale, et ma mère lui jetait des regards désespérés et me disait en arabe : « Mais qu'est-ce qu'elle veut ? » Au bout d'un moment, elle est retournée dans sa chambre, épuisée.

Les plis d'amertume sont de nouveau apparus de chaque côté de sa bouche.

– Après son départ, l'assistante sociale est restée un bon moment pour me dire que le gouvernement souhaitait que les travailleurs immigrés repartent dans leur pays, qu'il appelait ça « l'aide au retour », que c'était une honte, une injustice terrible, que les communistes s'opposaient énergiquement à ce projet et qu'il ne fallait pas que mon père signe quoi que ce soit. Le soir même, quand mon père est revenu de son travail, le visage plus creusé que d'habitude, ma mère pleurait toujours et j'ai commencé à lui parler de la visite de l'assistante sociale et qu'il devait se méfier du gouvernement et d'un monsieur Stoléru. Mon père a regardé fixement le mur, au-dessus de ma tête, il a respiré très fort, plusieurs fois ; ses épaules se sont affaissées, mais il ne m'a rien répondu. Le lendemain, quand mon petit frère est rentré de l'école, sa maîtresse lui avait demandé d'écrire un texte libre. « Tu n'as pas une idée à me donner ? » m'avait-il demandé en mastiquant un bout de chewing-gum, avec l'énergie du désespoir. Malgré la pile d'assiettes qui m'attendait du côté de la cuisine, il me semblait que le sujet libre s'imposait de lui-même. Et je l'ai aidé à écrire le texte. Je m'en souviens encore. C'était une sorte de poème. Nous l'avions intitulé « Toi, l'immigré ».

Après quelques secondes de silence, d'une voix où perce l'émotion, Myriem récite :

Toi, l'immigré,
Tu as traversé les frontières,
Tu as voulu fuir la misère,
Tu as quitté les champs de soleil,
Tu as quitté tes parents, tes merveilles,
A la chaîne, tu as été le premier servi,
Sur les chantiers, aussi,
On te regarde avec mépris,
Ainsi a commencé ta vie
D'immigré...
Mais la France, ce beau pays,
Elle te renie, aujourd'hui,
Elle n'a plus besoin de ta vie,
Elle te renvoie où elle t'a pris,
Immigré,
Dix mille francs, c'est ton prix,
C'est ce que tu vaux aujourd'hui...

Le lendemain, j'ai apporté le texte au professeur de français. Elle l'a lu à voix haute. Toute la classe a applaudi, et après la classe, avec son aide, je l'ai envoyé à Lionel Stoléru, au ministère.

Myriem se redresse et me fixe intensément.

– A partir de ce moment-là, je n'ai plus regardé mon père de la même façon. J'ai pensé que la politique française s'était servie de son courage, car il lui en avait fallu beaucoup à ce simple paysan, analphabète, pour se faire pionnier, pour avoir le projet de traverser la mer, de s'exiler, seul dans un pays inconnu, avant de faire venir sa famille. J'ai pensé qu'il avait donné vingt ans de sa vie, sans penser qu'un jour il serait purement et simplement renvoyé d'où il venait, avec une aumône de dix mille francs.

Elle s'interrompt, les yeux brillants.

– Les jours suivants, malgré ce coup porté à sa dignité, cette humiliation d'être ainsi « évalué » à quelques billets de cinq cents francs, mon père n'a rien laissé paraître. Comme je n'avais aucun moyen de lui expliquer à quel point je comprenais sa peine, je lui ai récité le poème et je lui ai dit que je l'avais envoyé au gouvernement français. Fière, droite, les joues écarlates, j'attendais son verdict. Il m'a d'abord regardée avec stupeur, puis il m'a dit, d'une toute petite voix : « Mais qu'est-ce que tu m'as fait ? La police va venir me chercher. Qu'est-ce que tu m'as fait ? » Cette peur, qui succédait à son humiliation, ces regards affolés alors qu'il était la victime, je les ressens encore, des années après. Mon père n'a pas signé l'aide au retour, la police n'est pas venue le chercher, monsieur Stoléru ne m'a jamais répondu.

Les petites mains se sont crispées sur sa jupe.

– Le soir même, après avoir tout nettoyé comme chaque soir, toute seule pendant que la famille dormait, assise à la table de la cuisine, j'ai pris ma décision. Je serais du côté des faibles, je défendrais les victimes, je dénoncerais les injustices. Un jour, je serais avocate.

Comme si elle avait froid, Myriem serre le petit carré de soie autour de son cou.

– En attendant, ma mère allait accoucher, j'avais tout le linge à laver, il fallait porter les papiers pour l'hôpital, l'évier était bouché, ma sœur commençait à avoir la grippe, j'avais un peu oublié la marmite et le ragoût sentait le brûlé, enfin je n'avais rien compris à cette histoire de trains qui ne partaient pas en même temps mais qui devaient, d'après l'énoncé du problème, se croiser à un moment donné. J'ai fini par rattraper un cursus scolaire normal, c'est-à-dire, après mon B.E.P. de secrétariat, une 2e d'adaptation dans un lycée. J'ai bûché, dur, très dur, entre les lessives, les courses, les réunions de parents, les préparations de repas, les biberons et les couches. Et j'ai eu le bac G1 du premier coup.

Myriem regarde ses mains, aux ongles ultracourts.

– Un jour, à la fac, une de mes camarades est arrivée le matin, le visage tiré, les yeux cernés. « Je ne me sens pas très bien, en ce moment. Je ne sais pas si c'est l'approche des examens ou les conséquences de mon régime. Je crois que je couve une dépression », a-t-elle annoncé au petit groupe de filles dont je faisais partie. Brutalement, j'ai pris conscience du poids de ce mot. Pour moi, qui vivais plusieurs vies à un rythme d'enfer, pouvait-il avoir un sens, le mot « dépression » ? N'était-il pas le fait de gens qui avaient le temps de penser à eux, de s'apitoyer sur leur sort, n'était-ce pas l'apanage des femmes des sociétés occidentales ?

Elle esquisse un sourire pudique.

– Peut-être qu'il appartiendra à la troisième ou la quatrième génération de s'offrir ce luxe d'une forme d'intégration inusitée. Tu sais ce que m'a dit ma fille l'autre soir, ajoute-t-elle pensive. « Maman, tu sais ce que tu m'as raconté, ce que tu faisais quand tu avais mon âge, on dirait la même histoire que dans le livre que tu m'as acheté pour mon anniversaire. S'il te plaît maman, raconte-moi l'histoire de la petite fille pauvre de quand tu étais petite. »

Et c'est avec un petit sourire triste et désabusé, qui se forçait à être optimiste, que Myriem m'a raccompagnée jusqu'à la porte d'entrée.

Warda
ou la marche des Beurs

L'appartement de Warda se trouve au troisième étage d'un immeuble ancien, dans une rue très animée du centre-ville de Lyon. Un ascenseur désuet, minuscule, aux portes boisées qui claquent dans mon dos dès que je les ai franchies, m'y conduit lentement. Warda m'accueille en m'embrassant chaleureusement, et me fait entrer dans une pièce spacieuse, dont le plafond est orné de poutres sombres qui contrastent avec un mobilier en chêne clair. Un piano d'étude, en bois laqué, de teinte ivoire, un bar américain, un halogène allumé malgré la lumière du jour qui inonde la pièce... Sur la table resplendit un bouquet de narcisses, posé au milieu d'un grand plateau de cuivre. Sur le comptoir du bar, sont déjà disposés une carafe d'eau, une bouteille de jus d'orange, deux grands verres à orangeade et un assortiment de fruits frais.

Grande, mince, la quarantaine, Warda a un

beau visage ouvert, sans maquillage si ce n'est un fin trait de khôl qui agrandit ses yeux noirs. Ses cheveux ondulés moussent autour de sa tête, mais sont coupés court sur la nuque. Un pull angora bleu, décolleté en « v », souligne sa peau brune ; sa jupe droite, bleu marine, découvre légèrement ses genoux.

– Viens t'asseoir au « bar », à côté de moi, et prends ce que tu veux ! s'écrie-t-elle d'une voix chantante où traîne un petit accent du Sud-Ouest...

En m'asseyant, un grand miroir qui fait face au piano accroche mon regard. Intriguée, je découvre le reflet d'une petite fille en robe bleue, dont je ne vois que le dos, tranquillement assise à son bureau dans la pièce voisine, et dont les petits pieds remuent en cadence sous la table. Mon arrivée ne semble guère l'émouvoir, puisqu'elle reste penchée, visiblement occupée à un travail d'écriture. La sonnerie du téléphone retentit dans le vestibule. La petite fille ne réagit pas. Warda se précipite.

– Non ! Ce n'est pas possible ! s'exclame-t-elle, brusquement énervée. Il ne faut pas le laisser faire ça ! Si on lui enlève ses chats, Aïcha en mourra ! Bon, je m'en occupe ! A tout à l'heure !

Sans s'en rendre compte, Warda a levé le ton, mais la petite fille du miroir ne bouge pas d'un pouce.

– Quand je m'énerve, explique Warda en souriant, je reprends l'accent de Mazamet.

D'un geste gracieux, elle prend deux mandarines, qu'elle épluche, m'en offre une et commence à manger l'autre. Une odeur acidulée enveloppe toute la table...

– C'est à Mazamet que nous sommes arrivées avec ma mère, en 1967, directement d'Algérie, poursuit-elle. Mon père était déjà là depuis une dizaine d'années. Il nous avait laissées sous la surveillance du grand-père, qui habitait à la campagne, dans un gourbi sans eau ni électricité. Ma mère vivait enfermée, sortait rarement, sauf le vendredi pour aller aux bains avec la tante et les cousines, toutes revêtues du voile traditionnel, le *haïk*. J'adorais cette sortie hebdomadaire, l'ambiance particulière du bain, la moiteur lourde qui assourdissait un peu les rires et les cris, le goût amer et sucré du thé à la menthe que l'on buvait, après le bain, avant de retourner chez le grand-père. Un vendredi, le cousin est venu nous chercher, avec la camionnette, ma mère et moi. Elle a mis très longtemps avant de sortir. Quand elle est apparue, sur le seuil de la cabane, j'ai eu un choc : une jupe jaune moutarde, un chemisier sans manches jaune vif, ses cheveux relevés en chignon, des talons hauts... J'avais honte de toute cette chair de son cou, de ses bras, de ses chevilles, étalée au grand jour, à la vue de tout le monde... Cela m'a bien plus impressionnée que l'avion qui nous emmenait en France...

Warda emplit un verre de jus d'orange et avale lentement quelques gorgées.

– Dès le lendemain de notre arrivée, mon père a fait la distribution des rôles ; ma mère à la maison, moi, je ferais les courses. C'est ainsi que je suis devenue le médiateur familial. Oh ! ce n'était pas bien difficile, il suffisait d'aller chez l'épicier du village, à la boulangerie, de temps en temps à la pharmacie... Et puis, il y a eu les démarches à la Sécurité sociale... La première fois, mon nez arrivait à peine au guichet ! Il a fallu que je me dresse sur la pointe des pieds et j'ai dit à l'employée : « S'il te plaît, Madame, c'est le papier, pour la naissance de mon petit frère. » L'employée s'est levée, elle m'a saisie dans ses bras en disant : « Eh bé ! mais elle est formidable, cette pitchoune ! » Et elle m'a plaqué deux gros baisers, assortis d'une poignée de caramels ! Et petit à petit, je suis devenue le chouchou de l'épicière, qui me donnait toujours un fruit en plus, de la boulangère, qui m'offrait du chewing-gum. Je commençais vraiment à apprécier mon rôle de médiateur. Pour rien au monde je n'aurais cédé ma place !

Elle se penche, jette un œil dans le miroir, arrange une petite boucle sur sa nuque.

– Mon père travaillait tout le temps, même le samedi et le dimanche. Quelquefois, lorsqu'il m'arrivait de le surprendre à l'extérieur de la maison, ce n'était plus le même : il prenait l'accent, riait aux plaisanteries, blaguait plus fort que les autres, qui l'appelaient « Momo »... Savaient-ils qu'il s'appelait Mohamed ? Mais jamais personne ne franchissait le seuil de notre maison... De temps en temps, pour faire comme les voisins, il décidait que toute la famille partirait en pique-nique. C'était toujours la fête au début. Ma mère préparait tout, et on se retrouvait en forêt, dans des endroits impossibles, impraticables, où personne n'allait, de vrais parcours du combattant, remplis de ronces, parce qu'il ne fallait pas que sa famille soit en contact avec d'autres familles françaises. Un jour, je devais avoir 16 ans, mon père est rentré à la maison, plus tôt que de coutume, l'air soucieux. Il a annoncé qu'il avait été invité par le patron à venir, accompagné de sa femme, fêter un départ à la retraite...

Elle passe plusieurs fois la main sur les petites boucles qui tire-bouchonnent sur son front.

– Il n'arrêtait pas de répéter : « Mais comment je vais faire ? Tous les ouvriers sont invités. Comment je vais faire ? » Ma mère continuait à le servir, sans rien dire comme d'habitude. Soudain, son regard s'est posé sur moi. « C'est toi qui viendras avec moi ! » s'est-il écrié en pointant son index dans ma direction.

Son visage était redevenu limpide, le problème

était réglé. Je me suis retrouvée, le samedi soir, d'abord dans l'autobus où il s'était installé loin de moi, dans la rue ensuite, à essayer de suivre ses grandes enjambées, puis dans la salle de banquet où il n'y avait que des couples. J'ai traversé la salle, cachée dans son dos, en baissant la tête... Tout le monde l'a charrié gentiment, jusqu'à ce qu'il me présente. « Mais non ! Ce n'est pas ma femme ! C'est ma fille aînée. » « Alors, Momo, tu nous l'as cachée, ta fille. Dis donc, qu'est-ce qu'elle est mignonne ! C'est pour ça que tu l'enfermes ? » J'étais le point de mire de toute la salle. Il y avait des rires bizarres. Je ne savais plus où me mettre, j'ai fini par lever les yeux vers mon père, et j'ai aperçu de grosses gouttes de sueur perler à son front. C'est à ce moment-là que le patron lui a demandé de servir le champagne. Quand il est arrivé à côté de moi, les plaisanteries ont repris de plus belle : « Allez, Momo, remplis son verre. Il faut qu'elle le boive d'un coup ! cul sec ! » Toute la salle avait les yeux sur nous. La main de mon père tremblait en remplissant mon verre. J'avais envie de lui crier : « Mais qu'est-ce que tu attends pour leur dire que nous sommes musulmans, que nous n'avons pas le droit de boire de l'alcool ? » J'ai croisé son regard plein de détresse, ses yeux brillants d'une larme qui ne pouvait pas se décider à couler sur sa joue. Son désarroi devait être aussi fort que ma gêne... Jamais je n'oublierai ce moment...

Warda se lève et vient se placer devant le miroir, semble arranger quelques boucles, essuie ses yeux, puis revient s'asseoir.

– L'année suivante, nous sommes allés vivre près de Lyon, dans une cité, aux Minguettes. Là, par contre, il n'y avait que des familles maghrébines. Je partageais mon temps entre les cours, au lycée, et l'Amicale des Algériens qui organisait des activités culturelles, des cours d'arabe. Le dimanche, j'allais dans leurs meetings, je les écoutais discuter des progrès socialistes du pays. J'avais le projet, une fois mon bac en poche, de m'inscrire en fac à Alger et de retourner vivre définitivement dans mon pays. Il me semblait que c'était le seul moyen de m'assumer, de m'épanouir, de supprimer cette souffrance que devait vivre mon père, écartelé entre deux cultures. C'est ce que j'ai fait. Je suis partie chez une tante à Alger préparer ma rentrée, prendre une chambre à la cité universitaire. Au début, j'étais surtout préoccupée par la quantité de travail à fournir. C'était la première fois que je vivais seule. Et puis au fur et à mesure une impression d'angoisse a fait son apparition et ne m'a plus quittée : l'appel à la prière partait de la cité universitaire, les allées et venues des étudiantes étaient surveillées. Plusieurs fois, à la sortie des cours, j'avais entendu des insultes, me concernant. J'ai appris qu'à la fac de Constantine deux étudiantes avaient été agressées avec du vitriol, parce qu'elles avaient le dos nu. Avec d'autres camarades nous avons décidé de faire une grève, pour protester contre les agressions des intégristes, mais la peur a été plus forte et nous avons fini par rentrer dans le rang. J'ai terminé l'année du mieux que j'ai pu, mais je ne me retrouvais pas. Je me sentais étrangère, la France me manquait, et j'ai pris la décision de retourner à Lyon.

Warda fléchit un peu les épaules, tandis que ses doigts pianotent nerveusement sur le bord du comptoir.

– Mon père n'était pas très content de me revoir. Il m'évitait, ne me parlait que par monosyllabes, comme si mon retour lui posait trop de problèmes : mes sorties, mes relations, mes études, l'objectif du mariage. Je pouvais lire, comme dans un livre ouvert, ses inquiétudes dans son regard. Et c'est comme ça que j'ai commencé à m'occuper des jeunes de la cité. Je faisais du soutien scolaire bénévole le week-end et, comme je parle bien l'arabe, je me suis occupée des parents, des papiers. Il y avait continuellement des affrontements entre les jeunes et la police et, chaque fois, on venait me chercher. Je suis devenue la grande sœur, la grande fille...

Elle s'interrompt un instant, se redresse, et reprend, en haussant le ton.

– Un soir de l'année 1983, on est venu me chercher : un enfant d'origine maghrébine s'était fait mordre par le chien d'un vigile, et un jeune de 19 ans, Toumi Djadja, s'était fait tirer dessus par le vigile propriétaire du chien... Je suis allée le voir à l'hôpital, puis je suis allée soutenir les jeunes immigrés qui, à la suite du père Delorme, commençaient une grève de la faim. Au départ, cette grève n'était qu'un geste de désespoir, afin de mettre un terme à l'affrontement incessant entre les jeunes de la cité et les forces de police. Le père Delorme nous a dit : « Un jour, il faudra que les jeunes Maghrébins parviennent à organiser des démonstrations pacifiques comme l'a fait Martin Luther King, aux États-Unis, afin de lutter contre le racisme et la xénophobie. »

La détermination courageuse se lit dans le regard de Warda, qui se souvient.

– Le geste de désespoir des grévistes va peu à peu se transformer en dynamisme de lutte. C'est ainsi qu'est née l'idée de la marche, la fameuse « marche des Beurs », cet immense cri de protestation de toute une jeunesse voulant exprimer au grand jour, par sa fraternité interethnique, un désir violent d'égalité et de liberté pour tous, dans cette France républicaine qui affiche au fronton de ses mairies ces trois mots symboliques : Liberté, Égalité, Fraternité... Quand j'ai parlé à mon père du projet de la marche, il m'a dit avec une véhémence que je ne lui connaissais pas : « Tu ne comprends rien ! Tu ne vois pas que ça ne servira à rien, tu ne vois pas que les Français, ils ne vous aimeront jamais, que vous ne serez jamais comme eux ? » Je n'ai rien répondu. J'ai brusquement compris qu'il n'avait jamais été dupe, pendant toutes ces années où il avait joué, du mieux qu'il pouvait, à faire le Français pour ne pas se faire remarquer. Je l'ai regardé avec une immense tristesse, et j'ai pris ma décision : je suis partie rejoindre le petit groupe, une cinquantaine de jeunes, garçons et filles, qui partaient de Marseille en direction de Paris. Notre but était de parvenir jusqu'à l'Élysée et d'apporter nous-mêmes nos revendications au président Mitterrand...

Le visage de Warda resplendit d'assurance tranquille.

– Au fur et à mesure de notre avancée, des réseaux se sont installés. Les villages, les villes nous attendaient, nous accueillaient pour nous offrir de quoi se nourrir, de quoi dormir. J'ai découvert une France profonde, généreuse, accueillante, qui acceptait les différences. Et la troupe de marcheurs augmentait de ville en ville, des centaines, puis des milliers de jeunes sont venus grossir les rangs de la cinquantaine de marcheurs de Marseille. Nous faisions quarante à cinquante kilomètres par jour, sous la pluie, dans le froid... Partout le même scénario se reproduisait : nous arrivions aux portes de la ville où nous étions attendus, nous en faisions la traversée, avec tous ceux qui nous avaient rejoints, parfois nous donnions une conférence de presse et la soirée était l'occasion d'un débat et d'une fête... Il n'y avait ni violence ni haine. C'était un formidable élan pacifiste qui nous dirigeait à grands pas sereins vers l'Élysée... Un soir, il y avait un mois que nous marchions, nous avons appris l'assassinat d'Habib Krimzi, un jeune touriste algérien, défenestré par des apprentis légionnaires dans le train Bordeaux-Vintimille. En apprenant ce crime monstrueux, insupportable, comment calmer la douleur, l'horreur, la colère, la haine, qui se sont emparées de chacun de nous ? Tout a failli dégénérer, ce jour-là... On venait de convaincre la moitié de la France de notre pacifisme, il fallait tenir bon. Et nous avons tenu bon. Nous sommes arrivés sur les marches de l'Élysée. Nous étions une cinquantaine au départ de Marseille et plusieurs milliers sur les marches du palais. Le 3 décembre, le président de la République, François Mitterrand, a reçu une délégation de marcheurs, pendant trois quarts d'heure... Nous étions épuisés mais triomphants. Nous avions montré que nous étions vivants, que nous refusions de n'être que des ombres, comme l'avaient été nos pères. Nous avons obtenu la carte de résident de dix ans au lieu de cinq, une révision des procédures d'expulsion, le droit d'association, alors qu'auparavant il fallait être coopté par un Français de souche...

Nerveusement, Warda passe la main sur son front plusieurs fois, tire en arrière ses boucles qui reviennent, imperturbablement, à la même place.

– Après la marche, pendant quelque temps j'ai souhaité qu'il y ait d'autres réponses. J'ai espéré, comme des milliers d'autres, que cette mobilisation ne serait pas un feu de paille, qu'elle garderait un effet durable. En attendant, j'ai arrêté mes études, et j'ai décidé de passer un diplôme d'assistante sociale. Aujourd'hui je m'occupe des personnes âgées, d'origine maghrébine, particulièrement des femmes seules qui ne vivent pas dans des institutions. Je rencontre des situations terribles, comme celle d'Aïcha, dont je parlais tout à l'heure, au téléphone. Elle est venue en France il y a plus de trente ans. Son mari est mort l'année dernière, ses deux fils sont repartis de force en Algérie, expulsés. Aucun d'eux, de toute façon, n'a les moyens matériels de la prendre en charge. Elle vit au jour le jour, ne parle qu'avec ses chats. Son propriétaire veut s'en débarrasser, par n'importe quel moyen. Et son grand souci aujourd'hui, c'est de ne même pas avoir les moyens de payer à l'Amicale la cotisation annuelle nécessaire pour le rapatriement de son corps en Algérie. D'ailleurs, aucun des vieux retraités maghrébins que je rencontre n'arrive à me dire ouvertement : « Je veux mourir dans ce pays ! » Mais, petit à petit, certains commencent à me poser des questions sur leur sépulture. « Sil m'arrive quelque chose, Warda, tu veilleras à ce que mon corps repose en direction de La Mecque ! »

La clarté du jour commence à décliner, je me prépare à me lever lorsque je constate que le reflet de la fillette a disparu du miroir. Au même instant, des bruits de pas derrière moi, je me retourne, je vois un bout de robe bleue, la petite fille s'approche. Elle vient vers moi, agite sa feuille de papier, lève la tête. Elle a ce visage si particulier des trisomiques. Elle essaie de parler, des sons rauques sortent de sa gorge pendant qu'elle me tend la feuille.

– C'est Zorah, ma sœur aînée. Ma mère l'a abandonnée chez une tante quand nous avons quitté l'Algérie, explique Warda d'une voix douce en caressant les cheveux de Zorah qui s'accroche à sa jupe. Il n'y a pas très longtemps qu'elle est près de moi. J'ai eu beaucoup de mal à la faire revenir d'Algérie. Tu peux prendre sa feuille, c'est pour toi qu'elle a « écrit ».

Quand je suis sortie de l'immeuble, les yeux pleins de larmes, j'ai regardé la feuille de Zorah. Elle était couverte de centaines de petits traits disparates, irréguliers, des rouges, des bleus, des verts, mais qui brillaient comme autant de petits soleils...

Table

REMERCIEMENTS

A Philippe Dupuis-Mendel, pour son soutien de tous les instants.

A Michèle Milano, pour sa patience dévouée.

Y. B.

ÉGALEMENT CHEZ POCKET
LITTÉRATURE GÉNÉRALE

ABGRALL JEAN-MARIE
La mécanique des sectes

ALBERONI FRANCESCO
Le choc amoureux
L'érotisme
L'amitié
Le vol nuptial
Les envieux
La morale
Je t'aime
Vie publique et vie privée

ANTILOGUS PIERRE
FESTJENS JEAN-LOUIS
Guide de self-control à l'usage des conducteurs
Guide de survie au bureau
Guide de survie des parents
Le guide du jeune couple
L'homme expliqué aux femmes
L'école expliquée aux parents

ARNAUD GEORGES
Le salaire de la peur

BARJAVEL RENÉ
Les chemins de Katmandou
Les dames à la licorne
Le grand secret
La nuit des temps
Une rose au paradis

BERBEROVA NINA
Histoire de la baronne Boudberg
Tchaïkovski

BERNANOS GEORGES
Journal d'un curé de campagne
Nouvelle histoire de Mouchette
Un crime

BESSON PATRICK
Le dîner de filles

BLANC HENRI-FRÉDÉRIC
Combats de fauves au crépuscule
Jeu de massacre

BOISSARD JANINE
Marie-Tempête
Une femme en blanc

BORGELLA CATHERINE
Marion du Faouët, brigande et rebelle

BOTTON ALAIN DE
Petite philosophie de l'amour
Comment Proust peut changer votre vie
Le plaisir de souffrir

BOUDARD ALPHONSE
Mourir d'enfance
L'étrange Monsieur Joseph

BOULGAKOV MIKHAÏL
Le maître et Marguerite
La garde blanche

BOULLE PIERRE
La baleine des Malouines
L'épreuve des hommes blancs
La planète des singes
Le pont de la rivière Kwaï
William Conrad

BOYLE T. C.
Water Music

BRAGANCE ANNE
Anibal
Le voyageur de noces
Le chagrin des Resslingen
Rose de pierre

BRONTË CHARLOTTE
Jane Eyre

Burgess Anthony
L'orange mécanique
Le testament de l'orange
L'homme de Nazareth

Buron Nicole de
Chéri, tu m'écoutes ?

Buzzati Dino
Le désert des Tartares
Le K
Nouvelles (Bilingue)
Un amour

Carr Caleb
L'aliéniste
L'ange des ténèbres

Carrière Jean
L'épervier de Maheux
Achigan

Carrière Jean-Claude
La controverse de Valladolid
Le Mahabharata
La paix des braves
Simon le mage
Le cercle des menteurs

Cesbron Gilbert
Il est minuit, docteur Schweitzer

Chandernagor Françoise
L'allée du roi

Chang Jung
Les cygnes sauvages

Chateaureynaud G.-O.
Le congrès de fantomologie
Le château de verre
La faculté des songes

Chimo
J'ai peur
Lila dit ça

Cholodenko Marc
Le roi des fées

Clavel Bernard
Le carcajou
Les colonnes du ciel
1. La saison des loups
2. La lumière du lac
3. La femme de guerre
4. Marie Bon Pain
5. Compagnons du Nouveau Monde

La grande patience
1. La maison des autres
2. Celui qui voulait voir la mer
3. Le cœur des vivants
4. Les fruits de l'hiver

Jésus, le fils du charpentier
Malataverne
Lettre à un képi blanc
Le soleil des morts
Le seigneur du fleuve

Collet Anne
Danse avec les baleines

Comte-Sponville André, Ferry Luc
La sagesse des Modernes

Courrière Yves
Joseph Kessel

Cousteau Jacques-Yves
L'homme, la pieuvre et l'orchidée

Dautun Jeanne
Un ami d'autrefois

David-Néel Alexandra
Au pays des brigands gentilshommes
Le bouddhisme du Bouddha
Immortalité et réincarnation
L'Inde où j'ai vécu
Journal (2 tomes)
Le Lama aux cinq sagesses
Magie d'amour et magie noire
Mystiques et magiciens du Tibet
La puissance du néant
Le sortilège du mystère
Sous une nuée d'orages
Voyage d'une Parisienne à Lhassa
La lampe de sagesse
La vie surhumaine de Guésar de Ling

Decaux Alain
L'abdication
C'était le xvᵉ siècle
tome 1
tome 2
tome 3
Histoires extraordinaires
Nouvelles histoires extraordinaires
Tapis rouge

Deniau Jean-François
La Désirade
L'empire nocturne
Le secret du roi des serpents
Un héros très discret
Mémoires de 7 vies
1. Les temps nouveaux
2. Croire et oser

Espitallier Jean-Michel
Pièces détachées

Faulks Sebastian
Les chemins de feu

Fernandez Dominique
Le promeneur amoureux

Fitzgerald Scott
Un diamant gros comme le Ritz

Forester Cecil Scott
Aspirant de marine
Lieutenant de marine
Seul maître à bord
Trésor de guerre
Retour à bon port
Le vaisseau de ligne
Pavillon haut
Le seigneur de la mer
Lord Hornblower
Mission aux Antilles

France Anatole
Crainquebille
L'île des pingouins

Franck Dan / Vautrin Jean
La dame de Berlin
Le temps des cerises
Les noces de Guernica
Mademoiselle Chat

Gallo Max
Napoléon
1. Le chant du départ
2. Le soleil d'Austerlitz
3. L'empereur des rois
4. L'immortel de Sainte-Hélène

La Baie des anges
1. La Baie des anges
2. Le palais des fêtes
3. La Promenade des Anglais

De Gaulle
1. L'appel du destin
2. La solitude du combattant

Genevoix Maurice
Beau François
Bestiaire enchanté
Bestiaire sans oubli
La forêt perdue
Le jardin dans l'île
La Loire, Agnès et les garçons
Le roman de Renard
Tendre bestiaire

Giroud Françoise
Alma Mahler
Jenny Marx
Cœur de tigre
Cosima la sublime

Grèce Michel de
Le dernier sultan
L'envers du soleil – Louis XIV
La femme sacrée
Le palais des larmes
La Bouboulina
L'impératrice des adieux

Guitton Jean
Mon testament philosophique

Hermary-Vieille Catherine
Un amour fou
Lola
L'initié
L'ange noir

Hyvernaud Georges
La peau et les os

Inoué Yasushi
Le geste des Sanada

Jacq Christian
L'affaire Toutankhamon

Champollion l'Egyptien
Maître Hiram et le roi Salomon
Pour l'amour de Philae
Le Juge d'Egypte
1. La pyramide assassinée
2. La loi du désert
3. La justice du Vizir
La reine soleil
Barrage sur le Nil
Le moine et le vénérable
Sagesse égyptienne
Ramsès
1. Le fils de la lumière
2. Le temple des millions d'années
3. La bataille de Kadesh
4. La dame d'Abou Simbel
5. Sous l'acacia d'Occident
Les Égyptiennes
Le pharaon noir
Le petit Champollion illustré

JANICOT STÉPHANIE
Les Matriochkas

JOYCE JAMES
Les gens de Dublin

KAFKA FRANZ
Le château
Le procès

KAUFMANN JEAN-CLAUDE
Le cœur à l'ouvrage

KAZANTZAKI NIKOS
Alexis Zorba
Le Christ recrucifié
La dernière tentation du Christ
Lettre au Greco
Le pauvre d'Assise

KENNEDY DOUGLAS
L'homme qui voulait vivre sa vie

KESSEL JOSEPH
Les amants du Tage
L'armée des ombres
Le coup de grâce
Fortune carrée
Pour l'honneur

LAINÉ PASCAL
Elena

LAPIERRE ALEXANDRA
L'absent
La lionne du boulevard
Fanny Stevenson
Artemisia

LAPIERRE DOMINIQUE
La cité de la joie
Plus grand que l'amour
Mille soleils

LAPIERRE DOMINIQUE et COLLINS LARRY
Cette nuit la liberté
Le cinquième cavalier
O Jérusalem
... ou tu porteras mon deuil
Paris brûle-t-il ?

LAWRENCE D.H.
L'amant de Lady Chatterley

LÉAUTAUD PAUL
Le petit ouvrage inachevé

LÊ LINDA
Les trois Parques

LEVI PRIMO
Si c'est un homme

LEWIS ROY
Le dernier roi socialiste
Pourquoi j'ai mangé mon père

LOTI PIERRE
Pêcheur d'Islande

LUCAS BARBARA
Infirmière aux portes de la mort

MALLET-JORIS FRANÇOISE
La maison dont le chien est fou
Le rempart des Béguines

MAURIAC FRANÇOIS
Le romancier et ses personnages
Le sagouin

MAWSON ROBERT
L'enfant Lazare

MESSINA ANNA
La maison dans l'impasse

Michener James A.
Alaska
1. La citadelle de glace
2. La ceinture de feu
Caraïbes (2 tomes)
Hawaii (2 tomes)
Mexique
Docteur Zorn

Milovanoff Jean-Pierre
La splendeur d'Antonia
Le maître des paons

Mimouni Rachid
De la barbarie en général et de l'intégrisme en particulier
Le fleuve détourné
Une peine à vivre
Tombéza
La malédiction
Le printemps n'en sera que plus beau
Chroniques de Tanger

Miquel Pierre
Le chemin des Dames

Mitterand Frédéric
Les aigles foudroyés

Monteilhet Hubert
Néropolis

Montupet Janine
La dentellière d'Alençon
La jeune amante
Un goût de miel et de bonheur sauvage
Dans un grand vent de fleurs

Morgièvre Richard
Fausto
Andrée
Cueille le jour

Nakagami Kenji
La mer aux arbres morts
Mille ans de plaisir

Nasr Eddin Hodja
Sublimes paroles et idioties

Nin Anaïs
Henry et June (Carnets secrets)

O'Brian Patrick
Maître à bord
Capitaine de vaisseau
La « Surprise »

Pears Iain
Le cercle de la croix

Perec Georges
Les choses

Peyramaure Michel
Henri IV
1. L'enfant roi de Navarre
2. Ralliez-vous à mon panache blanc !
3. Les amours, les passions et la gloire

Purves Libby
Comment ne pas élever des enfants parfaits
Comment ne pas être une mère parfaite
Comment ne pas être une famille parfaite

Queffelec Yann
La femme sous l'horizon
Le maître des chimères
Prends garde au loup
La menace

Radiguet Raymond
Le diable au corps

Ramuz C.F.
La pensée remonte les fleuves

Revel Jean-François
Mémoires

Revel Jean-François,
Ricard Matthieu
Le moine et le philosophe

Rey Françoise
La femme de papier

La rencontre
Nuits d'encre
Marcel facteur

Rice Anne
Les infortunes de la belle au bois dormant
1. L'initiation
2. La punition
3. La libération

Rifkin Jeremy
Le siècle biotech

Rouanet Marie
Nous les filles
La marche lente des glaciers

Sagan Françoise
Aimez-vous Brahms…
… et toute ma sympathie
Bonjour tristesse
La chamade
Le chien couchant
Dans un mois, dans un an
Les faux-fuyants
Le garde du cœur
La laisse
Les merveilleux nuages
Musiques de scènes
Répliques
Sarah Bernhardt
Un certain sourire
Un orage immobile
Un piano dans l'herbe
Un profil perdu
Un chagrin de passage
Les violons parfois
Le lit défait
Un peu de soleil dans l'eau froide
Des bleus à l'âme
Le miroir égaré
Derrière l'épaule...

Salinger Jerome-David
L'attrape-cœur
Nouvelles

Sarraute Claude
Des hommes en général et des femmes en particulier

Saumont Annie
Après
Les voilà quel bonheur
Embrassons-nous

Sparks Nicholas
Une bouteille à la mer

Stocker Bram
Dracula

Tartt Donna
Le maître des illusions

Troyat Henri
Faux jour
La fosse commune
Grandeur nature
Le mort saisit le vif
Les semailles et les moissons
1. Les semailles et les moissons
2. Amélie
3. La Grive
4. Tendre et violente Elisabeth
5. La rencontre

La tête sur les épaules

Valdès Zoé
Le néant quotidien
Sang bleu *suivi de*
La sous-développée

Vialatte Alexandre
Antiquité du grand chosier
Badonce et les créatures
Les bananes de Königsberg
Les champignons du détroit de Behring
Chronique des grands micmacs
Dernières nouvelles de l'homme
L'éléphant est irréfutable
L'éloge du homard et autres insectes utiles
Et c'est ainsi qu'Allah est grand
La porte de Bath Rahbim

Victor Paul-Émile
Dialogues à une voix

Villers Claude
Les grands aventuriers
Les grands voyageurs
Les stars du cinéma
Les voyageurs du rêve

Wallace Lewis
Ben-Hur

Waltari Mika
Les amants de Byzance
Jean le Pérégrin

Wickham Madeleine
Un week-end entre amis

Xenakis Françoise
« Désolée, mais ça ne se fait pas »

Achevé d'imprimer en avril 2000
sur les presses de l'Imprimerie Bussière
à Saint-Amand (Cher)

POCKET - 12, avenue d'Italie - 75627 Paris Cedex 13
Tél. : 01-44-16-05-00

— N° d'imp. 754. —
Dépôt légal : avril 2000.

Imprimé en France